Mr.Know All 浩瀚宇宙

小书虫读科学

怎样冲出太阳系

《指尖上的探索》编委会 组织编写

U0173076

作家出版社

策划出品 悦读名品　图片服务 悦读名品 123RF

太空航行的主要目的是探索、开发和利用太空以及地球以外的天体。人类是否可以冲出太阳系？怎样冲出太阳系？本书针对青少年读者设计，图文并茂地介绍了飞翔——从梦想到现实、航天——冲向太空的努力、在太空——航天员的故事、一步一步冲出太阳系、写入航天史的人与事等五部分内容。

图书在版编目（CIP）数据

怎样冲出太阳系 /《指尖上的探索》编委会编. --
北京：作家出版社，2015.11（2022.5重印）
（小书虫读科学）
ISBN 978-7-5063-8565-7

Ⅰ. ①怎… Ⅱ. ①指… Ⅲ. ①太阳系—青少年读物
Ⅳ. ①P18-49

中国版本图书馆CIP数据核字（2015）第278785号

怎样冲出太阳系

作　　者　《指尖上的探索》编委会
责任编辑　杨兵兵
装帧设计　高高 BOOKS
出版发行　作家出版社有限公司
社　　址　北京农展馆南里10号　　邮　编　100125
电话传真　86-10-65067186（发行中心及邮购部）
　　　　　86-10-65004079（总编室）
E-mail:zuojia@zuojia.net.cn
http://www.zuojiachubanshe.com
印　　刷　北京盛通印刷股份有限公司
成品尺寸　163×210
字　　数　170千
印　　张　10.5
版　　次　2016年1月第1版
印　　次　2022年5月第2次印刷
ISBN 978-7-5063-8565-7
定　　价　33.00元

Mr.Know All

《指尖上的探索》编委会

目录 Contents

第一章 飞翔——从梦想到现实

第二章 航天——冲向太空的努力

第四章 一步一步冲出太阳系

第五章　写入航天史的人与事

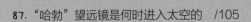

自古以来，人类对浩瀚的天际一直充满着向往，夜幕之下的诸多繁星也对我们有着巨大的吸引力。古今中外无数美丽的神话故事与传说都记载了人类飞翔的梦。从风筝到热气球，从飞艇到飞机，我们一步步飞向天空。随着人类科技日新月异的进步，我们发射火箭，把卫星、宇宙飞船、航天飞机以及航天员送入太空，将来甚至会送到其他行星上。人类飞翔的梦想成真，并且这份飞翔的梦越来越美，越来越远……

第一章

飞翔——从梦想到现实

1.中国古代典籍中对太空有着怎样的描述

在几千年前的古代，我们的先人是怎样描述他们眼中的星空呢？

古人对距离地球最近的天体——月球有着浓厚的兴趣。关于月球的神话，在中国最著名的就是大家熟知的"嫦娥奔月"了。西汉的《淮南子》是最早记录这个美丽传说的古书。嫦娥有一天吃了不死药，飘到月亮上，再也见不到丈夫后羿了，只能寂寞地住在广寒宫里，与玉兔相伴。虽然，这只是个神话故事，但这个故事却世世代代流传下来。许多诗人都根据它创作了许多优美的诗篇，如"嫦娥应悔偷灵药，碧海青天夜夜心""但愿人长久，千里共婵娟"等。

古人的想象力十分丰富。想象有人凭借"仙力"或者奇异的装置飞到浩瀚的宇宙中。东晋王嘉的《拾遗记》曾记载："尧登位三十年，有巨槎（树枝）浮于西海……名曰贯月槎，亦谓挂星槎。"这个巨槎可以贯通到月亮上，甚至可以挂住星星，非常奇特。西晋张华的《博物志》曾记载，有人从海上坐船直通天河（银河）。唐代《洞天集》记载，公元9世纪时，有一仙槎"长五十余尺，声如铜铁，坚而不蠹（蛀虫）"，他们所说的不正是宇宙飞船的样子吗？

对于浩瀚神秘的太空，古人提出了很多有趣的设想。正是这些想象成为开启成功之门的钥匙。有梦想让世界更美好。

2.东西方早期对太空是怎样认识的

人类对于太空的探索是永无止境的。在历史发展的各个阶段，无论是东方还是西方都有各自探索出的成果。那么我们就分别来了解一下人类的祖先早期是怎样认识太空的。

在中国古代，人们对于宇宙，很早就有"天圆如张盖，地方如棋局"的朴素的直观见解。这就是我们熟知的"天圆地方"的概念，人们认为天空呈一个半圆形的盖子和地平线契合。西周时期的"盖天说"认为，大地不是平整方形，而是拱形。天空如一个斗笠，大地犹如一个倒扣的盘子。到了东汉，著名的天文学家张衡（地动仪的制造者）又提出了"浑天说"。他肯定了大地是球形的，而且我们生活的地球是一个悬在空中的球体，这在当时是一个非常了不起的认识。

那么西方人早期对于太空有着怎样的认识呢？公元前4世纪，古希腊哲学家亚里士多德认为，地球是宇宙的中心。不过他的思想直到公元140年，经过天文学家托勒密总结后，才形成了系统的"地心说"。"地心说"从表面上解释了昼夜更替、日月星辰东升西落的现象，这个学说流传时间长达1300余年，直到哥白尼的"日心说"出现。

世界各民族对地球和太空的理解与想象各有不同。比如，古代埃及人认为大地是漂浮在水面之上的。古希腊人则认为大地之下有支柱支撑着。古希腊神话认为"十二诸神"掌管天地万物一切。古印度人想象大地是驮在大象背上的。这些观点现在看来很好笑，但却是那时人类思想的成果，也为我们留下了许多精彩的故事。

3.为什么哥白尼的"日心说"是个伟大的进步

"**地**球绕着太阳转""地球不是宇宙的中心"等观念在今天我们看来是非常普通的科学常识。但是，这么简单的几句话在600多年前的欧洲却是被禁止传播的。谁要是不小心说出了口，没准就要掉脑袋呢！

我们把时光倒退到公元140年，这一年古希腊天文学家托勒密提出了一个观点，就是我们俗称的"地心说"。在他看来，地球居于宇宙的中心，从地球向外依次有月球、水星、金星、太阳、火星、木星和土星，它们在各自的轨道上绕地球运转。其中，行星的运动要比太阳、月球的运动复杂得多。在太阳、月球、行星之外，是存在所有恒星的天球恒星天，再向外，是推动天体运动的原动天。这个观点被他写进了《天文学大成》里。托勒密的观点是在继承亚里士多德的天文观念的基础上形成的。他的学说被广泛应用于天文和航海事业。

到了1513年，"地心说"被哥白尼的"日心说"给推翻了。哥白尼通过观察，证明了地球并不是宇宙的中心，宇宙的中心在太阳附近；月亮绕地球运转，地球和其他所有行星都以太阳为中心运转。虽然在后世看来，哥白尼的观点也不完全准确，但是在当时却推翻了统治了天文学上千年的地球中心说，是人类宇宙观的伟大进步。

从哥白尼时代起，自然科学和哲学开始飞速发展。后来人们又发明了望远镜，观测到更多天体，进行环球航行。人类对地球和太空的认识就越来越深入了。

4.热气球是何时诞生的

说出来也许你不信，热气球其实最早是由中国人发明的。

当然了，我们的"热气球"被称作"孔明灯"，也叫天灯，在公元二三世纪诞生，相传是诸葛亮发明的。它的主要用途是在军事上，用来传递信号或者示警。"孔明灯"跟一个纸灯笼差不多大小，自然也就不能坐人了。

真正意义上的热气球诞生于 18 世纪的法国。1782 年，巴黎造纸商孟戈非兄弟俩，有一天看到壁炉里的碎纸屑受热空气作用不断升起，受到了启发。他们首先拿布料做实验，成功地让它升到了公寓的天花板上。第二年，他们制作了一个 225 公斤的气球，让它充满热空气，在 4 月份的试验中，气球上升到 1000 多米高的地方，并在起飞后 10 分钟降落在离起飞地点 2 千米远的地方。试验获得了圆满成功。同年 11 月 21 日，他们用热气球进行了第一次载人飞行实验。飞行持续 25 分钟，最后平稳降落。

为了纪念他们的功绩，法语里"热气球"就以他们的名字"montgolfière"命名。

后来人们对热气球进行了改良。从地面准备升空时，先点燃喷灯，将空气加热后充入气囊，控制喷灯的喷油量来控制气球上升或下降。由于受到燃油、温度的影响，热气球飞行时间一般不长。热气球升上天后主要动力来自风。

现在热气球广泛应用于航空、气象、高空游览、军事等领域。中国的许多城市都可以乘坐热气球，体会一下"一览众山小"的感觉。

5.第一个驾驶热气球环球航行的人是谁

在1783年的法国，孟戈非兄弟发明了热气球的时代，限于当时条件，热气球只能飞行很短的距离。如果当时有人想用热气球进行环球航行，毫无疑问是会被认为不自量力、异想天开的。

不过热气球自发明后主要用途也不是探险，而是用在军事上。第二次世界大战时英国为了应对德军的轰炸，在英伦三岛上布满了防空气球，这种气球造得十分坚韧，抵挡住了大部分炮火的袭击，为保卫国家立下过汗马功劳。

战争结束后，热气球逐渐回到民用事业上。人们不断对它进行改良，让其续航能力、安全性能不断提高。终于，2002年6月19日，美国银行家福塞特在西澳大利亚诺瑟姆，开始了个人热气球环球航行。他乘坐"自由精神"号热气球，在经过13天零12小时16分、近32000千米的飞行之后，于北京时间7月2日晚9时40分许，顺利飞回到他出发的西澳大利亚上空。他也成为人类独自不间断乘坐热气球环球飞行的第一人。

据福赛特说，他生活在一个狭小的密封舱里，通过面罩呼吸氧气，靠军用干粮充饥。热气球的飞行速度保持在100千米每小时左右，最快时曾达到320千米每小时。有时候他需要从封闭舱中爬出来，在极低的温度下更换热气球的燃料箱。不过作为世界上第一位完成热气球环球航行的人，他还是非常兴奋的。这是他第六次尝试单独航行，前几次都是因为航行途中的突发事件而被迫放弃了。

滑翔机

飞机

6.滑翔机是怎样问世的

首先我们来考虑一个问题：滑翔机是飞机吗？

答案是"不是"。滑翔机和飞机的区别在于，飞机是依靠自身动力进行飞行，而滑翔机只是一种没有动力装置的固定翼航空器。滑翔机是人们从风筝获得启发而研制的，并且模仿了鸟的飞行。

德国工程师和滑翔飞行家奥托·李林塔尔最早设计和制造出实用的滑翔机，人称"滑翔机之父"。从1871年起，他就热衷于研究和制造滑翔机，他于1891年制作了第一架重约2千克的固定翼滑翔机。机翼共长7米，用竹和藤做骨架，上面缝着布，人的头和肩可从两机翼间钻入，机上装有尾翼。他亲自上阵，滑翔机在气流的作用下，轻盈地滑翔，在90米外安全降落。

不过探索的不确定性总会让先驱们付出代价。1896年8月9日，奥托·李林塔尔在里诺韦山飞行中突然遇到迎面强风，在他还未来得及将重心前移以使滑翔机低头之前，便和滑翔机一同坠落到了地面。第二天他就去世了。为了纪念奥托·李林塔尔的功绩，后人为他树立了一座纪念碑，上面题写着"最伟大的老师"。奥托·李林塔尔为后世留下了许多珍贵的科研资料，莱特兄弟在发明飞机时还从他的资料中获得宝贵的经验。

现代滑翔机主要用于体育航空运动。从高处滑行到空中那种滑翔机，属于初级滑翔机。

7. 飞艇是怎样问世的

提到飞艇，也许我们会想，会不会是个加强版的"热气球"？

其实，飞艇和热气球有点相似之处，但区别也很大。比如，虽然飞艇也要靠气体飞行，如氢气或氦气，但是它有自己的动力系统。这一点就把热气球远远地抛在身后了。

飞艇和热气球的诞生时间差不多。1784 年，法国的罗伯特兄弟制造出一艘人力飞艇。当时他们把它设计成鱼的形状，还装上桨增加动力，7 月 6 日进行试飞。当气囊充满氢气后，飞艇冉冉上升，随着高度的增加，气压逐渐降低，气囊内的氢气逐渐膨胀，使得气囊越胀越大，接近胀破的边缘，这可把罗伯特兄弟二人吓坏了，他们赶紧用小刀把气囊刺破一个小孔，才使得飞艇安全降到了地面。这也给他们提了个醒，应该设计一个放气阀门，来控制气流的强弱。

两个月后，兄弟二人又对飞艇实施了改装，并进行了第二次飞行。这次飞行由 7 个人划桨作动力，飞行了 7 个小时，但只飞了几千米。虽然飞行速度很慢，但它毕竟是人类历史上第一艘有动力的飞艇，意义非凡。

后来蒸汽机、内燃机相继发明，为飞艇动力的改进创造了更有利的条件。虽然罗伯特兄弟是世界上最早发明飞艇的人，但"飞艇之父"却是德国的退役将军菲迪南德·格拉夫·齐柏林。他是硬式飞艇的发明者。硬式飞艇比罗伯特兄弟设计的非硬式飞艇容积更大，也更安全。

现代飞艇用途十分广泛，航空、气象观测、空中预警、军事探测等都有飞艇参与。

8.世界上第一架动力飞机是怎样问世的

当我们乘坐客机在云中穿梭时，我们会感叹飞机速度之快，性能之优良，但我们是否想过，发明飞机的先驱是付出了多少努力才换来了今天的成果？

世界上第一架动力飞机的问世要落后于滑翔机。这次，地点换成了美国。生于美国俄亥俄州的莱特兄弟自幼喜欢钻研机械，当他们注意到奥托·李林达尔的滑翔机飞行失败后，就下定决心要造出一架带有动力的、性能要超过滑翔机的飞行器。

一开始莱特兄弟还处于模仿阶段。1900~1903年，他们制造了3架滑翔机，并进行了1000多次滑翔飞行的试验，为后来的动力飞行打了很好的基础。终于，1903年12月17日奇迹发生了！在美国北卡罗来纳州的基蒂霍克沙滩上，人类历史上第一架飞机——"飞行者一号"就要试飞了。弟弟奥维尔驾驶飞机，离开地面飞上了天空。它在空中共飞行了12秒飞出36.5米才落在沙滩上。他们又轮换着进行了3次飞行。在当天的最后一次试飞中，哥哥威尔伯用59秒飞出了260米的距离。人类梦寐以求的飞机终于试飞成功了！

之后几年，莱特兄弟对飞机又进行了改进，美国也认识到这个奇怪飞行器的价值，并帮助他们成立公司、设计产品，人类终于向着天空迈出了重要一步，飞天的梦想终于变成了现实。

感谢这些先驱吧，是他们实现了人类长久的梦想，推动了科技的进步。

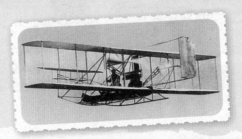

9.现在的飞机有多少种类别

从 世界上第一架飞机问世到现在，航空事业得到蓬勃发展，飞机已经走过了110年的里程。在这一个多世纪的漫长岁月中，飞机现在已经有了多少"兄弟姐妹"呢?

飞机的分类方法有很多种，最常见的有这么几类：按照飞机用途分类，按照发动机类型分类，按照飞机航程分类，等等。

从飞机用途来说，有国家航空飞机和民用航空飞机之分。国家航空飞机是指军队、警察和海关等专用的飞机。民用航空飞机主要是指民用飞机和直升机，民用飞机又分为民用的客机、货机和客货两用机。

按发动机类型来分，飞机有螺旋桨飞机和喷气式飞机之分。螺旋桨飞机是最原始的动力飞机，也是我们在老电影和纪录片中看到的那种。它利用螺旋桨的转动将空气向机后推动，借其反作用力推动飞机前进。当然，这种飞机现在也还在使用。喷气式飞机包括涡轮喷气式飞机和涡轮风扇喷气式飞机两大类。我们现在乘坐的民航客机大部分都是喷气式飞机，一般时速可达 500~1000 千米，载客 400~500 人或 100 吨货物。

按飞机的航程远近来分，可以分为近程、中程、远程飞机三大类。远程飞机的航程一般为 14000 千米左右，可以完成洲际飞行。国际航班大多是远程飞机。中程飞机的航程一般为 3000 千米左右；近程飞机的航程一般小于 1000 千米。近程飞机又称支线飞机，一般用于支线飞行。中、远程飞机一般适用于国内干线和国际航线，因而又称干线飞机。

我们在了解了飞机的分类后，在乘坐的时候就可以轻松地说出它是属于哪个类型的，在别人问起的时候就不会"一头雾水"了。

10. 什么是空中客车飞机

在乘坐民航客机时，我们经常听说有波音、空中客车等机型。那么我们在这里着重提一下什么是空中客车飞机。

提到空中客车就先要介绍一下它的老对手——波音公司。世界上最老牌的航空公司当属美国的波音公司，成立于 1916 年。20 世纪 60 年代以后，它的发展重心转向商用，开发出了我们熟知的波音 737、747 等机型。据统计，转向商用的 40 多年来，波音公司一直是全球最主要的民用飞机制造商，全球现役的波音民用飞机接近 13000 架，约占全球机队总量的 75%。这么庞大的用户群足以让它傲视群雄。

为了挑战波音的垄断地位，结束一家独大的局面，20 世纪 60 年代，欧洲飞机制造商之间开始寻求合作。1967 年，英、法、德三国开始联合研制"空中客车飞机"，他们把研究的重点放在大型民用运输机上，也就是说，要通过提高载客量和安全舒适程度，从航空市场中抢下一块"大蛋糕"。1972 年第一架升空的空中客车 A300，采用了许多其竞争对手没有的先进技术，提高了飞机的可靠性，有效降低了营运成本。不过这也激发了波音公司开发出波音 767 与其竞争。目前，空中客车飞机在全球有 4000 多架。

空客和波音之间没有孰优孰劣的问题，几十年的历史证明，这两种飞机在性能上并没有明显的区别，所以当今世界民航市场上才会形成波音和空客两大巨头垄断的局面。不过空客更注重电脑控制飞机，即通过电脑来实现飞行员对飞行的控制。当然，在某些特殊情况下，飞行员还是能对空客飞机实现直接控制的。

11.什么是"无人机"

说到"无人机",也许我们会想,是不是就像遥控飞机那样,地面发出指令操纵飞机行驶,机舱内也不用坐人?

回答基本正确。不过无人机的原理要比孩子们玩的遥控飞机复杂不少。它利用无线电遥控和自带程序控制,机上无驾驶舱,但安装有自动驾驶仪,可在无线电遥控下像普通飞机一样起飞或用助推火箭发射升空,也可由其他飞机将它带到空中投放飞行。

无人机的诞生可以追溯到 1914 年。当时第一次世界大战正进行得如火如荼,英国的卡德尔和皮切尔两位将军,向英国军事航空学会提出了一项建议:研制一种用无线电控制而不用人驾驶的小型飞机,能够飞到敌方目标上空实施袭击。1917 年 3 月,世界上第一架无人驾驶飞机进行了第一次飞行试验。不过因为发动机故障,实验宣告失败。直到 1927 年,"喉"式单翼无人机在英国海军"堡垒"号军舰上成功试飞,并以 322 千米每小时的速度飞行了 480 千米。"喉"式无人机的问世在当时的世界上曾引起极大的轰动。

无人机设计的初衷就是为了打击军事目标,机动性好、飞行时间长和便于隐蔽是其独特之处,尤其是无人驾驶,特别适合于执行危险性大的任务,设计成本相对较低,不过无人机也容易受到干扰以及人为因素的影响。而且,无人战斗机在行动方面还存在滞后性。毕竟这是一项新技术,对无人机的研究还在不断发展,相信它会在更多领域发挥重要的作用。

12.为什么说万户是人类飞天的最早探索者

在月球的环形山中，有一座山叫作"万户"，这是人们为了纪念一个名叫"万户"的人而命名的。这个人究竟做了哪些事使得后人这么崇敬他？

公元1500年左右，在中国有一位富有人家的子弟名叫万户。他饱读诗书，但不热衷于考取功名，因为他对中国古人发明的火药和火箭最感兴趣。万户一直在思考如何利用这两种具有巨大推力的东西，将人送上天空，去亲眼领略高空中的壮美景象。

万户发明了一种飞行座椅，在座椅后面紧连着一个特制的木架，木架上依次安装着47支巨型火箭。一天，万户坐在座椅上，手持两个大风筝，命人点燃47支火箭，试图借助火箭的推力和风筝上升的力量飞向太空。

万户考虑到借助风筝上升的力量飞向前方，这在当时人们的认识条件下，是很少有人能想到的。尽管试验的结果失败了，他也因此献出生命，但他的这种探索精神却激励后人。为纪念万户，在20世纪70年代举行的一次国际天文联合会上，人们将月球上一座环形山命名为"万户"，以纪念"第一个试图利用火箭作飞行的人"。他也被世界公认为"真正的航天始祖"。

探索频道节目曾经复制了万户的飞行座椅来进行发射实验。当烟花被引燃后，座椅还在发射台便爆炸了。他们也尝试用新型的火箭推进器来代替古老的烟花进行实验，但是很难让座椅离开地面哪怕一厘米。实验证明，捆绑在座椅上的小型火箭推进器无法给予足够的推力使得座椅升空。

当杨利伟乘坐"神舟五号"载人飞船进入太空，成为中国飞天第一人时，我们不应该忘记万户，这个为飞天事业做出过尝试的世界第一人。

万户

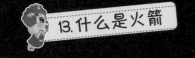

火箭是一种飞行器。它自身既带有燃料，又带有助燃剂，配备有火箭发动机作为动力装置，其飞行区域既可在大气层内，也可在大气层外的太空。因火箭最早用于发射箭矢，因此在中文里称为"火箭"。火箭起源于中国，是中国古代重要发明之一。古代中国火药的发明与使用，为火箭的问世创造了条件。

火箭跟一般的飞机主要的不同点在于：飞机只能在大气层内飞行，但是火箭可以在大气层外的太空工作，因为它不需要利用外界空气便能够燃烧推进。

火箭推力是热气流高速向后喷出，利用产生的反作用力向前运动所产生的。其原理与我们用橡皮管喷水时，橡皮管会向后退，以及开枪时有后坐力的原理一样。火箭的燃料在充分燃烧以后，会产生大量高温高压的气体，然后再经由喷嘴加速，并将气体排放出去。这些气体便是推动火箭快速向前的原动力。

现代火箭通常作为快速远距离运送工具来使用，如作为探空、发射人造卫星、载人飞船、空间站的运载工具，以及其他飞行器的助推器等。如果我们把导弹弹头部分改装到火箭上，那火箭就成了一个远程的攻击武器，威力也是相当巨大的。

1926 年，美国火箭专家戈达德试射了第一枚无控液体火箭。1944 年，德国首次将有改造过的液体火箭"V-2"用于战争。

当今世界各国，要想把航天员送到太空，除了依靠载人飞船，就是航天飞机了。我们先来谈一谈航天飞机的情况。

航天飞机从诞生至今已很多年。1977年2月，美国研制出世界上第一架航天飞机轨道器，命名为"创业号"。1977年6月18日，首次载人航天飞机，搭载宇航员海斯和富勒顿进行试飞；同年8月12日，飞行试验圆满完成。不过又过了4年，第一架载人航天飞机才出现在太空，这是人类航天技术发展史上的又一个里程碑。

我们现在叫它"航天飞机"，是因为航天飞机综合了飞机与航天器的共同特点，像有翅膀的太空船，外形像飞机。与宇宙飞船不同之处在于，这个大家伙可以多次重复使用，不会将进行太空作业的"家当"破坏掉。

航天飞机既能像火箭一样垂直起飞，像宇宙飞船一样在既定轨道上运行，又能像飞机一样平稳着陆。一般航天飞机可搭乘7名航天员，其中包括3名机组人员和4名科学技术专家。航天飞机既可以搭载人造卫星将其送至既定轨道，也可以对太空中的航天器进行维护和维修，还可以进行多项科研工作。

到目前为止，只有美国进行过多次航天飞机的飞行任务。每架航天飞机的造价约为120亿美元，单次发射的费用约为4.5亿美元。航天飞机系统过于复杂（机身超过250万个零件），技术和系统维护需要大量的人力、物力和财力，花销实在太大，所以美国也逐渐减少了发射航天飞机的活动。

15.什么是宇宙飞船

　　各个航天大国在把航天员送入太空的时候，会选择用火箭助推宇宙飞船或者航天飞机上天。宇宙飞船和航天飞机一样，都是航天员在太空时乘坐的飞行器。

　　宇宙飞船其实就是载人飞船，可以搭乘2~3名航天员，能基本保证航天员在太空中的短期生活并进行适当的太空作业。宇宙飞船的运行时间并不长，通常是几天到半个月左右。

　　由于宇宙飞船承担着载人工作，所以增加了许多特设系统，以满足航天员在太空工作和生活的多种需要，如空气更新系统、废水处理和再生系统、生命保障系统、报话通信系统、航天服等。

　　自1961年人类第一艘宇宙飞船"东方1号"发射后，宇宙飞船的发展也在逐渐完善。至今，科学家已先后研究并制造出单舱型、双舱型和三舱型的宇宙飞船。其中，单舱型宇宙飞船的结构最为简单，只有一个座舱；双舱型飞船则相对复杂一些，是由座舱和提供动力、电源、氧气以及水的服务舱所组成，它极大地改善了航天员的工作和生活环境；最复杂的就是三舱型飞船，它是在双舱型飞船的基础上又增加了一个轨道舱，主要用于增加航天员的活动空间、有利于进行科学实验等。中国的"神舟"系列载人飞船就是典型的三舱型飞船。

　　目前宇宙飞船的使用都是一次性的，返回地面后就不能继续工作了。不过随着航天事业的频繁开展，未来的宇宙飞船将具有多种功能和用途，而且返回舱经适当修理后可重复使用。

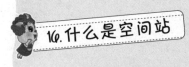

16.什么是空间站

　　航天员乘坐航天飞机或者宇宙飞船进入太空时，由于这些航天器的限制，他们不能在太空停留很长的时间，不过，空间站的出现解决了这个问题。

　　空间站也是航天器的一种，它是可供多名航天员巡防、长期工作和居住的载人航天器。空间站也是人类为了研究太空，长期生活和工作的基地。

　　与航天飞机和宇宙飞船相比，空间站的体积更加庞大，在太空轨道运行的时间长，研究规模和范围广，不过最突出的特征还是能够长期载人。在物资充足的条件下，航天员们在太空待个一年半载的不成问题，当然，会有后续的航天员更替，不然在太空时间长了也很乏味。

　　虽然是长期载人，不过空间站发射的时候一般不带航天员上天，这样就降低了设计和制造难度，以及发射成本。定期有航天员维护，进行维修和更换零件，空间站的寿命就能不断延长。

　　空间站也分有人和无人两种模式。许多实验只需要航天员调试好设备就可以自动开展，以后记得定期检查就行，人都不用一直待在里面，这样也节省了不少费用。有人模式就必须得让航天员时刻不离开。不过空间站的开放性很强，可以根据任务不同安装不同的设备，灵活性非常高。

人类对太空的探索从来没有停
止，我们通过火箭将人造卫星、宇
宙飞船等航空飞行器送入太空，通
过它们来逐步了解太空的真实面
貌。这些冲出地球的庞然大物有什
么特点？为什么它们能够离开地球
进入太空，完成各种航天任务？这
一部分我们将对进入过太空的各种
航天飞行器进行介绍，了解人类冲
向太空所做的努力和伟大成果。

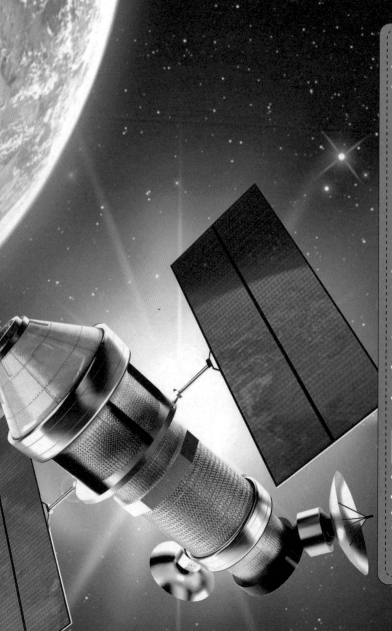

第二章

航天——冲向太空的努力

17. 火箭的故乡在哪里

中国的航天事业在世界上处于先进水平，其中很关键的一点就是火箭发射的成功率很高。提到火箭，我们可以自豪地说，它的故乡在中国。

"火箭"这一名称，最早出现在中国的三国时期。主要用于两军作战。不过，那个时代兵士们使用的火箭只是在箭杆上绑上易燃引火物，点燃后借助弓弩的力量射向目标，这还不是我们所说的火箭。我们所说的火箭，是借助自身携带的助燃剂和燃料，依靠燃料充分燃烧产生的气体喷射的反作用力而向前推进，它跟火药的发明有着密不可分的关系。

唐朝时，中国已经发明了火药。北宋时期的军官岳义方、冯继升造出了世界上第一个以火药为动力的飞行兵器——火箭。这种原始火箭的工作原理与现代火箭毫无二致。

公元12世纪中期，在中国民间广为流行的能高飞的"火流星"（亦称"起火"），实际就是世界上最早的观赏性火箭。

公元13世纪以后，中国的火箭兵器在战争中得到大力发展和改进，并发明出许多与现代火箭类型相近的火箭形式。13世纪中叶，蒙古人和阿拉伯人把中国的火箭技术传向了欧洲及世界其他地区。

西昌卫星发射中心复原"火龙出水"塑像

18.中国古代火箭技术取得了哪些成就

几个世纪前所掌握的原始火箭技术与现代火箭技术相比，已经不能同日而语。不过在当时科技水平极其落后的情况下，我们的先人还是利用他们的聪明才智，使中国古代火箭技术取得了非常高的成就。

中国最早应用了串联（多级）和并联（捆绑）技术。明代史书中记载的"神火飞鸦"应用了并联技术；"火龙出水"将串、并联技术综合运用。

"火龙出水"怎么做呢？先截取一根一米多长的毛竹作为龙身；再分别用木头雕成龙头、龙尾，与龙身衔接成为一条龙。龙腹内则装有数支单发式火箭，并且把它们的引火绳总连在一起，从龙头下面的孔洞中牵出来；在龙身的前后部分，分别装上两支大型火药箭，并把它们的引火绳也连在一起；最后，把龙腹内引出的总引火绳联结在前部两个火药筒的底部。这样，一个"火龙出水"就完成了。

1981年，在加拿大渥太华市举办的中国古代传统工艺展览会上展出了"火龙出水"模型。这种以火箭为动力，浮游于水面上的海战武器，可以称得上是现代鱼雷的雏形。"火龙出水"的发射原理跟现代的多级火箭发射原理是相同的，说它是现代多级火箭的始祖也不为过。

航天界有一句名言："昨天的梦想就是今天的希望、明天的现实。"这句话就是美国著名的"火箭之父"——戈达德所说。

年幼的戈达德体弱多病，但天性好动，喜爱幻想。他曾试图在身上储存电能。还有一次，他领着小伙伴们要挖一条地道，通向在地球另一边的中国。

戈达德所在的时代，飞机已经在天空中翱翔，但戈达德想造出一个与飞机不同的飞行器，并将其早期的两种设计称为"火箭"。 1921年，戈达德开始从事液体燃料火箭的研究和设计工作。他用煤油来作为燃料，经过反复试验、改进，终于在1926年3月16日，成功地发射了世界上第一枚以煤油和液氢为推进剂的火箭。这枚火箭运行2.5秒，上升高度12.5米，飞行距离56米。许多历史学家认为火箭发射与莱特兄弟的飞机首次飞行一样重要。

后来戈达德的试验证明了火箭可以飞出地球大气层并驶向更遥远的太空。

戈达德不仅专心研究火箭，还提出了"火箭飞抵月球的可能性"，这在当时还引发了一场大辩论。

戈达德的科研成果闻名全世界，但他始终反对将火箭用于军事。第二次世界大战时德国科学家利用他的理论打造V-2导弹，并投入使用，他为此深深自责。

1959年，美国在华盛顿特区附近的马里兰建造了戈达德太空飞行中心，向证明火箭可以飞出地球大气，飞向太空的美国"火箭之父"罗伯特·戈达德致敬。

第三宇宙速度
$V_3=16.7km/s$

第二宇宙速度
$V_2=11.2km/s$

第一宇宙速度
$V_1=7.9km/s$

$7.9km/s<V<11.2km/s$

20.什么是宇宙速度

火箭带着航天器发射升空时，它需要达到一定的速度才能冲出大气层，进入要工作的轨道，那么关于这个速度，有没有什么科学上的说法呢？

当然有，这个速度叫作"宇宙速度"，它就是从地球表面发射飞行器时，飞行器环绕地球、脱离地球和飞出太阳系所需要的最小速度的统称。

举个例子。我们用大炮发射炮弹，无论它的射程有多远，受到地心引力的影响，炮弹总会落下来。如果说，达到一个速度，这颗炮弹就掉不下来，而开始绕着地球转圈（不考虑大气作用）。这样可能吗？

理论上这种想法是可能的。这个速度大概是 7.9 千米 / 秒，也叫"第一宇宙速度（环绕速度）"。无论什么物体只要达到这个速度，它都掉不下来，成为环绕地球的"小卫星"。不过高度越高，环绕地球飞行所需的飞行速度也越慢。那些在距地面很高的大气层外飞行的航天器，飞行速度都比第一宇宙速度低。

有第一宇宙速度就会有第二宇宙速度和第三宇宙速度。地球上的物体要脱离地球引力成为环绕太阳运动的"人造行星"，需要的最小速度是第二宇宙速度（脱离速度）。第二宇宙速度为 11.2 千米 / 秒，达到这个速度，我们就可以登上月球、火星等其他太阳系内的行星了。但如果我们还不知足，想去看看太阳系外面有什么，就要用到第三宇宙速度了。这个速度又叫作"逃逸速度"，是指在地球上发射的物体摆脱太阳引力束缚，飞出太阳系所需的最小初始速度，为 16.7 千米 / 秒。

我们看到火箭升空，除了听到巨大的声响，还看到火箭以飞快的速度推进，很快就变成一个小点消失在空中了，那么火箭要想飞出大气层，究竟得有多快的速度呢？

如果让火箭按照最快的战斗机的速度来飞，那火箭是肯定飞不出大气层的。火箭受到地心引力的影响，等到燃料耗尽，就会掉下来。火箭是靠自身携带的燃料经过充分燃烧后喷出的气体所产生的反作用力助推前进的，火箭前进的速度跟燃料燃烧产生的气体的喷射速度成正比。火箭要达到很高的飞行速度，同时还需要携带大量的燃料。在飞行途中，火箭还会不断分离解体，以减轻重量，这也就是为什么一般发射的火箭都是多级火箭。

根据科学家计算，如果速度达到 7.9 千米／秒，就能使火箭冲出大气层，这个速度也叫第一宇宙速度。如果小于这个速度，它就会被地心引力拉回来。同时，地球的自转也会帮忙：离赤道越近，发射火箭设定方向从西向东，就可以利用地球自转的速度——400 米／秒，加快火箭的速度。

当火箭以第一宇宙速度飞行时，它可以绕地球做圆周运动而不会掉落地面。这时，按照地面工作人员的指令，最后一级火箭与航天器分离，运载的人造卫星或宇宙飞船就可以开始工作了。

22. 火箭上天需要哪些燃料

日常生活中，我们见到的汽车、火车、船舶都需要燃料的推动才能前进。它们所用的燃料大多是汽油及其他化合物，可是火箭需要什么燃料才能飞行呢？难道也是汽油吗？

很遗憾，如果火箭的发动机也是靠汽油来工作的话，那么理论上它要携带数以万吨的汽油才行。不是因为汽油太贵，而是因为汽油发动机对汽油的利用率非常低，最多达30%，大部分都会被浪费的。而且真要使用汽油的话，火箭就飞不出大气层了，其原因有两个：一是火箭太重；二是发动机在真空状态下不能工作。

虽然火箭不能用汽油当燃料，不过液体燃料释放的能量大，推力也大，燃烧时间较长，因此，火箭大都采用液体燃料。目前发射运载火箭时的燃料和氧化剂，主要有：

液氢液氧。由于控制好液氢燃烧的难度很高，所以一般不作为第一、二级火箭的燃料，避免低空发射的事故。液氢液氧多用作末端火箭推进剂。

有一种叫作"肼"的燃料剂用得也比较普遍，不过它既有毒，又有腐蚀性。早期火箭多数采用肼做燃料，并混合其他化学物质，但它对人体损害太大，并严重污染环境，操作中非常危险。

现在火箭采用的新型燃料是煤油。煤油安全性好而且价格便宜，对环境的污染小，产生的推力也大，是目前普遍使用的燃料。

23.为什么发射火箭时底部有个蓄水池

不知道你注意到没有，火箭腾空而起的时候，底部有个巨大的蓄水池，那么，这个蓄水池有什么作用呢？

不仅是在中国，世界各地发射火箭时都会在发射台安装一个蓄水池。这是因为，这个大池子可以起到保护火箭和发射架的作用。我国发射火箭时，底部的蓄水池深达 20 米，可储存 140 吨水。火箭点火升空，底部像喇叭一样的喷火管瞬间喷出的火焰，在几秒内会产生巨大的热能，温度高达几千摄氏度。当火焰喷射到水中，水会翻滚起很大的泡浪，发出"哗哗"的巨响，从液态变为气态，其间会吸收大量的热量，为火箭和发射台降温，起到保护的作用。

也许我们会问，这么多水受热翻腾，难道就不会把发动机弄熄火吗？答案是不会的，水的沸点是 100 摄氏度，也就是说，没等这些水准备好灭火呢，它们自己就先被蒸发了，除了吸收热量，别的事情它们是做不了的。当水蒸气升到一定高度时又会冷却，形成水雾，所以火箭腾空而起时周边的白色"烟雾"就是水蒸气。火箭上天后水池里的水剩下不到 30%，大部分都蒸发走了。

不过，我们还要注意，火箭发射瞬间，熊熊燃烧的火焰是蓄水池中的水不能完全消耗的，最多只能耗掉 1/3，剩下的部分会通过连通发射塔附近山底下的一个暗道释放出去。工作人员在洞口区域会种一大片树，这些树就比较倒霉，经常被烧焦，成了每次火箭上天的"牺牲品"。

24.世界上有名的火箭发射场有哪些

火箭发射都在发射场内完成。随着科技的进步，火箭的发射场也在不断地完善，通过它们，人类不断地把各种航天器送入太空。下面就来介绍一下几个世界闻名的发射场。

酒泉卫星发射中心，始建于1958年，是中国最早的、规模最大的综合性火箭卫星发射场，也是世界仅有的三座载人发射场之一。它位于荒无人烟的内蒙古巴丹吉林沙漠深处，因为距离酒泉市较近而得名。中国的第一颗人造卫星"东方红一号"便是从这里发射的。"神舟"号载人飞船也是从这里飞向太空的。

西昌卫星发射中心，位于四川的西昌。西昌地区海拔较高，又地处低纬度区域，地质结构坚实，交通和通信条件也是发射航天器比较理想的选择。近50颗国内外卫星都是从这里被送上太空的。在历史上，还有过将美国的"亚洲一号"这颗辗转了5个国家发射都没有成功的"灾星"送上太空的有趣故事。

肯尼迪航天中心，位于美国佛罗里达州东海岸梅里特岛卡纳维拉尔角地区。"挑战者号""哥伦比亚号"航天飞机都从这里发射。这个发射场向普通民众开放。游览车从参观区出发，需要花两个半小时才能转完，是一处非常好的旅游胜地。

拜科努尔发射场，位于哈萨克斯坦中部的丘拉坦附近。1961年4月12日，加加林所乘坐的"东方1号"载人飞船，就是从这里出发进入太空的，他也成为人类飞天第一人。1971年4月19日，人类第一个空间站"礼炮1号"也是在此发射升空的。

25.为什么发射航天器需要多级火箭

　　我们观看火箭发射时，会听到地面工作人员下达指令"一二级火箭分离"，也许你会产生疑问，为什么火箭要分级？用一个单级火箭难道不能完成发射吗？

　　答案是确实不能。目前最好的单级火箭，最大速度也只能达到5～6千米/秒，远远达不到第一宇宙速度的要求，这样的火箭可飞不出地球。不过，科学家们也有办法：把多个火箭串联或并联起来，这样火箭在发射过程中，质量就会逐级减少，速度则不断地增大，最后使得装在最前一级火箭上的航天器（诸如人造卫星、宇宙飞船等）达到7.9千米/秒以上的速度，这样就能顺利飞出去了。

　　多级火箭就是把几个单级火箭连接在一起而组成的，其中的一个火箭先工作，之后与其他的火箭实现分离，第二个火箭再接着工作，依此类推，直到最终完成发射任务。通常情况下，由几个单级火箭组成的就称为几级火箭。

　　同时，发射火箭需要大量的燃料，所以火箭的大部分空间都用于装载燃料。如果是单级火箭，飞行到一半的时候，燃料已经烧掉一半，但火箭还得拉着装载这一半燃料的空外壳飞行。而如果是多级火箭，则可以把这部分外壳抛掉，减轻重量。毫不夸张地说，人类能够顺利进入航天新时代，多级火箭绝对功不可没。

　　为了提高火箭的运载能力，使用多级火箭是个好办法，但并不是火箭级数越多越好，大多采用2～3级，最多不超过4级。

大家都听说过火箭和导弹，那么，一定会有人问：火箭和导弹是一回事吗？它们有什么不同呢？

简单地说：导弹都属于火箭，但火箭却不一定是导弹。也就是说，导弹只是火箭大家庭中的一部分。我们把依靠火箭发动机产生的反作用力推进的飞行器称为火箭，火箭可在大气层内外进行飞行，可作为快速远距离运输工具。

因为绝大多数导弹都是用火箭发动机推进的，所以，导弹属于火箭，也是在火箭的基础上发展起来的。它是依靠自身的动力装置来推进的，并由控制系统控制其飞行并导向目标的一种武器。

火箭根据能否对其飞行施加控制而分为有控火箭和无控火箭。携带爆炸物质的有控火箭就叫作导弹。

发射人造卫星和宇宙飞船的火箭也是可控制的，那么它们为什么不是导弹呢？这是因为，它们不携带炸药，没有破坏力，不属于武器，当然也就不能称其为导弹了。

导弹是不能带着人造卫星上天的，虽然它是有控火箭，但是它本身已经是武器了，如果让它按照普通火箭的轨道进入太空，后果将不堪设想。

所以，习惯上，人们称无控火箭为火箭，它们只是运载工具；称装有爆炸物质的有控火箭为导弹，它们是一种武器。

不过，有种火箭叫运载火箭，既能装上弹头变成武器，也可以运送人造卫星和空间站等航天器。这种火箭就比较特殊，功能也很多，目前在发射领域应用范围很广。

27.火箭为什么能在真空工作

我们生活的地球离不开空气，而地球大气层外就是一个真空的环境，在真空的环境中工作就必须要布置一个有氧的环境。但是我们在观看火箭发射时，注意到火箭在飞出大气层后它的速度并不是几乎没有变化，反而还越来越快，这个现象该怎么解释呢？

其实，科学家们想到了地球大气层内外是两个截然不同的环境。航天员的生活、工作环境必须有空气。火箭则不同，没有空气对它来说反而更好，因为它的发动机和我们见到的汽车、飞机的发动机不一样。它是一种自带推进剂（燃料和氧化剂），而不依赖空气的喷气发动机。火箭是靠发动机喷出的气体的反作用力前进的，不需要空气支撑。

有了这两样特征，只要火箭携带了充足的推进剂，那么在外太空，它也可以凭借物质之间的化学反应产生强大的推动力，燃料的燃烧不需要空气的参与。而且没有空气阻力的影响，火箭的速度反而能更快。

而飞机上所使用的空气喷气发动机，燃料在燃烧时所需要的氧气主要从大气中获取，因而只能在大气层中工作。飞机都有个极限高度，当空气稀薄到无法给机翼提供足够的支撑力时，飞机就不能再上升了。

但是，火箭是绝对不能同时依靠这两种类型完全不同的发动机进入太空的，这不仅不能节省燃料，而且还会造成很严重的事故。

如果你将来成为航天员，就可以乘坐火箭进入太空，体验那种极限速度了。

28.为什么航天飞机绑在火箭上垂直升空

我们在电视里看到，航天飞机的起飞是和运载火箭绑在一起垂直升空的，而不是像普通飞机那样在跑道上起飞。为什么航天飞机的起飞方式这么独特呢？

其实，这么独特的起飞方式和航天飞机的动力系统有很大关系。航天飞机的发动机最高速度是冲不出大气层的，所以必须求助火箭。当航天飞机发射时，机身上绑缚着巨大的燃料箱，还有两枚助推火箭。上升到几十千米的高空时，两枚燃料耗尽的助推火箭与航天飞机实现分离。不用担心，这都是可以回收的。当其上升到100多千米的高度时，会断然抛弃庞大的外燃料箱，这时航天飞机本身的动力系统才足以把它送上既定轨道。

航天飞机携带的燃料只能用于本身的姿态控制和返航的需要。进入轨道前的飞行，就要靠火箭来助推，火箭完成了使命后，就与航天飞机脱离，使航天飞机保持较小的体积和重量。

航天飞机本身非常重，挂了那么多"附件"后当然无法像飞机那样水平滑跑起飞，而且它受到的空气阻力也远远超过大型飞机。助推火箭发动机只能短时间工作，由火箭和航天飞机的发动机共同达到第一宇宙速度。因此，航天飞机必须在最初一两分钟里垂直上升，尽快冲出低层大气。

航天飞机只能在发射台上升空，并且每次飞行后要进行重新装配，短期内不能多次重复使用，这也是一个很大的弊端，所以它将被更先进的空天飞机所取代。

中 国的载人飞船从"神舟一号"到"神舟十号",每一次完成飞行任务后飞船就不能再使用了。但美国的航天飞机却总是能往返于天地间,可以多次执行任务,为什么航天飞机可以重复使用多次呢?

我们俗称的"航天飞机"其实是指包括助推火箭、燃料箱在内的整个系统,像飞机一样的部分叫"轨道器"。航天飞机在发射时,两个助推器发动机和轨道器发动机共3台发动机同时点火,航天飞机系统起飞。助推器发动机工作的时间很短,只有2~3分钟,然后就脱落了,根据发射的轨道,它们都会掉在海里,然后被回收,下次任务继续使用。

燃料箱就没这么好的运气了。大型燃料箱脱落时的高度已达188千米,速度已达7.8千米每秒,重30余吨。这样一个庞然大物要安全坠入海里并被回收,是根本不可能做到的,所以只能任其坠入大气层烧毁。这样看来,航天飞机也只能算部分可回收利用。

无论是卫星还是飞船都使用烧蚀材料做防热层,但都是一次性的。而航天飞机轨道器采用了可重复使用的防热材料,在经受发射和返回的高温考验后,经修补后可反复使用。轨道器类似于一架飞机,可以在返回大气层后像飞机一样水平着陆。

轨道器理论上能重复使用100次,不过由于风险和经费原因,美国的航天飞机已经逐步退役,基本不再发射了。

30. 航天飞机、载人飞船的氧气是怎么供应的

我们生活的地球充满了氧气，这样才有了各种生物的生存。但是太空和地球的环境截然不同。太空是个真空的环境，也没有植物进行光合作用，那航天员到了太空怎么呼吸呢？

你们大可放心，科学家们是不会让航天员在太空里窒息的。航天飞机、宇宙飞船如果要载人飞行，就必须营造适合航天员生活的环境。正像之前所说，不能依靠植物进行光合作用，也没有地球的环境，所以只能依靠飞船上、航天飞机上携带的氧化材料进行化学反应。

航天飞机执行任务的时间短，因此携带低温液氧来提供乘员呼吸的氧气和发电机的燃料（加上低温液氢）。载人飞船也采用这样的方式，它们虽然都带有超过需要量很多的液氧储备，但也必须在储备即将用完之前返回地面。要是用来呼吸的话，就要按空气比例将氧气和氮气混合，只呼吸纯氧会造成航天员氧中毒。

一般飞行器内对液氧、液氮纯度的要求极其严格，飞行器舱内的液氧纯度要达到 99.99%，而液氮纯度则需要达到 99.5%。

在飞行器里，可利用航天员呼出的二氧化碳气体与过氧化钠作用，产生氧气，供航天员呼吸用。

另外，飞行器内通过电解水也能产生大量氧气。电解水产生的氢气可以和航天员所产生的二氧化碳进行反应，生成水和甲烷（沼气）。水可以重新参与电解，以制造氧气；甲烷与剩余的氢气则排放到太空中，或者让氢和甲烷的排放产生推力，用于调整飞船姿态。

31.航天飞机能飞到月球上吗

太阳系中比较大的星球中，目前只有月球上留下了人类的足迹。航天员们都是乘着狭小的登月舱踏上月球，进行科学考察。如果让航天员们乘坐更大更宽敞的航天飞机往月球飞，不比登月舱更好吗？

很遗憾，航天员乘坐航天飞机往月球上飞，想法很好，但没有实现的可能性。从速度上说，航天飞机本身发动机的速度只有每秒 5 ~ 6 千米，如果没有助推火箭和巨型燃料箱的帮忙，它就达不到第一宇宙速度，连地球都出不去，更别说上月球了。即便在几个发动机共同作用下，航天飞机能够飞出大气层，进入近地轨道（高度在 1000 千米以下，离月球还远着呢），但是到了这一步，第二个问题又来了，它没法达到每秒 11.2 千米的第二宇宙速度，是脱离不了地球引力的，更飞不出地球轨道。

如果想借助航天飞机登上月球，航天员需要先搭乘航天飞机到达地球的低轨道，然后转乘已经等候在那里的轨道间飞行器飞向月球。到达月球轨道后，依靠登月舱降落在月球表面。航天飞机只能作为登月的"中转站"。

航天飞机的燃料也很让科学家们头疼。如果说发动机真的达到速度的要求，但携带的燃料将是一个巨大的负担，消耗太多不说，中途还无法补充。

另外，航天飞机返回地面进入大气层后，是借助空气阻力从高空滑翔着陆的，而月球上几乎没有空气，所以航天飞机根本不可能在上面滑翔着陆。

所以目前航天员乘坐航天飞机上月球，只能是可望而不可即的。

32.为什么空天飞机将会取代航天飞机?

科技的发展，带来的是产品更新换代速度的加快。在航天领域，航天飞机的发展也不例外。未来空天飞机将会取代航天飞机的位置，成为航天领域的主力。

由于目前只有美国发射过航天飞机，而且曾发生了"挑战者号"和"哥伦比亚号"的灾难事故，这使得人们对造价昂贵、体积庞大的航天飞机安全性提出了质疑。一些航天专家认为，集中力量研发下一代航天运载工具——空天飞机已经成为航空航天业的新趋势。

与航天飞机相比，空天飞机更胜一筹，在地面上它能够像普通飞机一样水平起飞，然后自主直接飞向太空，并在地球外层空间的既定轨道上运行，最后还能自行返回地面，在机场安全降落。空天飞机完成一次飞行任务后，经过一周左右的维护时间就能再次执行飞行任务。人们可以像坐飞机一样搭乘空天飞机进行宇宙旅行。

在起飞阶段空天飞机的空气喷气发动机先工作，这样有利于充分利用大气中的氧，可以节约大量的氧化剂。进入高空后，空气喷气发动机暂停工作，此时，火箭喷气发动机开始工作，燃烧自身所携带的燃烧剂和氧化剂。起飞时不用带着燃料箱和助推火箭，这对空天飞机而言可以说是"轻装上阵"。降落时，两个发动机的工作顺序同起飞时正好相反。

2010年4月23日7时52分，人类首架空天飞机X－37B升空，在太空持续飞行225天后成功降落。

33.宇宙飞船和航天飞机有什么不同

载人航天器中，宇宙飞船和航天飞机主要负责"跑"运输，它们来往于地面和空间站之间，负责运送航天员和各种物资，所以这两"兄弟"又称为天地往返运输器，相当于太空交通车，可以说它们是载人航天领域不可或缺的两大重要角色，但是二者还是有一些不同之处。

由于宇宙飞船没有机翼，只能以弹道式方法返回地面，其结果往往是采用在海面溅落或在荒原上径直着陆的方式返回。（"神舟"号飞船每次回来时都是斜着倒在地上）这种着陆方式不仅对航天员的要求很高，需要长期训练才行，对航天员生命也有一定危险，这使得飞船成为一次性载人航天器。但从这点来看，飞船的结构相对简单，因而可靠性和安全性较高。

有很大机翼的航天飞机能够控制升力的大小和方向，准确地降落在跑道上，从起飞到返回地面的整个过程中，加速和减速都很缓慢，大大降低了对航天员的身体要求，可把稍加训练的科学家、工程师、医生等送上太空。能重复使用就是航天飞机最重要的性能指标。

航天飞机有着非常漂亮的气动外形，宇宙飞船在现阶段的动力来源主要是太阳能电池，因此它通常不需要外接动力源。宇宙飞船外形设计上没特殊要求，因此大多看起来比较丑。

航天飞机尺寸比较大，所以装载的人员和设备也比较多，可以承担的任务也较多较复杂；而宇宙飞船则正好与之相反。因此宇宙飞船的成本比航天飞机少得多。

34. 为什么宇宙飞船返回地面时外表是黑色的

当"神舟"号载人飞船从太空回到地面后，我们看到返回舱的表面往往是一片漆黑，而航天飞机基本保持原貌。为什么宇宙飞船返回后外貌变化很大呢？

其实，这个现象与飞船表面的吸热和隔热层有关系。进入大气层时，飞船仍然保持数千米每秒的速度与大气层摩擦，形成高温，使飞船外部温度瞬间高达上千度。中国的"神舟"系列飞船和俄罗斯的"联盟"系列飞船都是使用一次就不再使用的，因此采用的是烧蚀防热的方法。

这种方法就是在飞船外使用一种瞬间耐高温的特殊材料，这样飞船在进入大气层与空气摩擦产生高温时，这层表面的材料会熔化、蒸发。这一过程会吸收掉一定的热量，这种现象叫烧蚀。烧蚀防热是特意地让飞船表面部分材料烧掉，带走热量，从而实现保护主要结构的目的。

这些隔热材料在燃烧完毕之后，剩下的是碳化层，飞船底部一团漆黑可以证明碳化层牺牲自己，换来了飞船的安全。不过，就返回舱内部而言，由于有防热设计，完全可以保证航天员在里面有一个比较适宜的温度环境，即使在舱壁的温度高达几千摄氏度的时候，舱内的温度也会维持在30摄氏度左右。

神舟 1 号飞船返回舱

如果不解决飞船的防热问题，飞船将会在没落地前就烧成了灰烬。防热原理就是通过材料的燃烧而把热量带走，经科学家研究试验发现，大钟的形状相对更有利于飞船实现防热目标，所以大多数飞船的返回舱都设计成不倒翁的形状，底部大头部小。

35. 人和机器人哪个更适合在太空工作

从诞生以来，机器人一直是人类探索太空过程中的得力助手。人们也一直在探讨当这个助手的智能发展到一定程度时，会不会完全取代人类在太空中的角色呢？

其实，从加加林进入太空以来，载人航天一直是一项高风险的事业。人类对人还是机器人谁更适合探索太空的争论一直都没有停止过。近地轨道附近充斥着致命的辐射、巨大的温差等严重威胁航天员的健康和安全的诸多因素，即便有航天器和航天服的多重庇护，人到太空中仍会面临很大的风险。而机器人则不在乎这些困难，它们可以为某次太空任务专门设计、批量生产，前赴后继地完成一个使命。而且，机器人的生存需要远比人类简单，它们有电就可以工作。

从生理方面来说，除了不会得空间运动病而呕吐，不必每隔几小时就回飞船休息一下之外，机器人比航天员更大的优势在于它们能比人类更好地完成单调、繁重、精细的工作。

人都会有疏忽的时候，都会犯各种错误。在太空中，一些小小的失误都可能是致命的。但是如果指令得当，程序稳定，机器人则永远不会出错。

不过人可以自主思维，随机应变，而机器人则由事先编制好的程序操控。太空作业情况瞬息万变，即使是无人太空探测器也还要由地面人员进行遥控。仅仅依靠既定程序的机器人根本无法应对各类突发事件。

所以人和机器人应该互为补充，相互支持。

36. 为什么空间站不能无限期使用

目前人类使用的各种航天器中，空间站应该是使用年限最长的航天器了。它不像载人飞船和航天飞机，发射后必须在一定时期内返回地面。但是这个"寿星"的生命也不是长到无极限的，它也有"寿终正寝"的时候。

空间站的使命比较特殊，它是保证人类在太空长期生活、进行科研的基地，因此在设计时就必须要考虑到使用期限。由于在太空中要经受各种辐射、小行星、碎片颗粒的影响，不仅要把空间站造得特别坚固，还必须考虑到空间站的运行轨道，尽可能避免外在物质对空间站的损害。

我们以"和平"号为例。迄今为止，"和平"号空间站是人类航天史上运行时间最长的空间站了。"和平"号空间站共在轨道上运行了15年，绕着地球飞行8万多圈，行程多达35亿千米，一共进行了2.2万次科学实验，完成了23项国际科学考察计划的任务。

但随着时间的流逝，"和平"号的零件也在不断老化损坏：空间站外表伤痕累累；太阳能电池供电常有故障；空间站内部受到非常严重的化学腐蚀。据统计，15年中"和平"号共出现了约1500次故障，其中差不多100处故障一直未能排除。"和平"号已经临近服役期限，亟待有新的继任者。

除了这些问题导致"和平"号不能再超期服役之外，空间站上的航天员还曾往太空扔过200包左右的太空垃圾，当时的环保意识并不强，所以没有考虑到可能产生的后果。"和平"号就曾与这些垃圾相撞过，还险些引发火灾。最终，2001年3月23日，"和平"号在大气层中解体。

在航天器开始升空时，它就开始和地面指挥系统一直保持联络。我们在大屏幕上能看到航天员的一举一动。但这套联络系统肯定不像我们平时用QQ视频聊天这么简单，更不能打手机。那么我们就来了解一下天地之间是怎么相互联系的。

我们以"神舟"号载人飞船为例说明。这个天地通话的系统叫作测控通信系统，它是"神舟"号升空后，地面指挥中心与航天员保持联系、指挥飞船正常运行和安全返回的唯一通道。既有地面测控，也有飞船测控，二者紧密联系。

我国的科学家们采用了一种"数字图像压缩和传输"技术。在刚研制成功的时候，数字图像传输还有一秒钟左右的"延时"，人讲话时声音已经传输过来了，但图像里人的嘴还张着，没有说完。不过现在已基本消除"延时"，看上去就同现场直播一样。

"数字图像压缩和传输"技术还可同步传输航天员的身体生理信息以及相关数据。为确保航天员与地面的通信流畅，技术人员通常会采取短波和超短波等多种通信技术手段。

现在航天员在太空飞行时，无论是否穿航天服，都可以保证与地面指挥中心通信的畅通。目前地面指挥中心可以观测到航天员在太空的一举一动，而航天员却无法看见地面指挥部的图像。将来我国建设空间站时，将改变这一现象，实现双向传输。

由于"神舟"飞船最初的设计是在10多年前进行的，当时互联网尚未普及，因此在"神舟"号中没有考虑互联网服务，航天员在太空里无法上网，也就无法收发 E－mail。不过自"神舟八号"以后改进了设备，航天员们也可以在太空上网了。

　　在航天器的帮助下，航天员们能够进入太空，开展许多探索活动。不过太空和地球是两个截然不同的环境，航天员们在太空中也会遇到许多地球上从未遇到过的事情，有些事情很有趣，有些却很危险。我们将从航天员的训练到在太空的各种经历说起，了解他们的故事，以及他们为航天梦付出的辛勤努力和各种艰难的探索。

第三章

在太空——航天员的故事

38.航天员是怎样训练出来的

全 世界这么多人，为什么只有寥寥数人才能脱颖而出成为航天员？他们是怎么被选拔出来的呢？

用"魔鬼式训练"来形容航天员的选拔和训练过程一点也不为过。航天员是需要在太空从事航天活动的特殊人才，因而对航天员各方面的要求也更为苛刻，必须对他们进行严格的训练，使他们具备优良的综合素质，并掌握过硬的必要技能，这样他们才能面对太空中各种复杂的环境应对自如。

航天员的基本训练内容有：有关的理论知识，如天文、地理、地质、气象、火箭和航天器构造等；必要的医学常识和救护技术；体育训练项目，则包括游泳、滑水、冲浪、滑雪、爬山等各项技能。

除此之外他们还需要接受航天环境训练，内容有：飞行训练、失重训练、航天生活环境训练、应急救生训练等。

心理训练是航天员训练中必不可少的内容。因为执行太空任务需要离开我们所熟悉的环境，而这种环境变化对心理的影响是很大的，尤其是长时间待在狭小的环境中，会是什么感受？如果这种感受影响到航天员的心理，那后果将不堪设想。

除以上项目外，还要进行飞行模拟。这是针对载人航天任务而设计的模拟器，其主要作用就是在地面模拟太空中的飞行条件和实际状态，使航天员感到好像真的在太空飞行一样。

航天员在太空生活与工作的微小空间环境也需要模拟，这种微小生活空间模拟训练对于考察和训练航天员对长期在太空工作和生活的适应性是很重要的。

可见要想成为航天员绝非易事，除了有良好的身体素质外，还要通过层层考验才能成为最终的幸运儿。

39. "航天员之父"是谁

今天，人类借助航天飞机、宇宙飞船实现了在太空遨游的梦想。许多人为实现人类的这一梦想做出了艰辛的探索，在这些人中，被尊称为"航天员之父"的俄国科学家齐奥尔科夫斯基是熠熠闪光的一位。

1857年9月17日，齐奥尔科夫斯基出生在俄国一个林业官员的家庭中。10岁时的一场大病致使他丧失了听力，并因此辍学在家。但他并未在生活的磨难面前屈服，而是百折不挠地追寻"飞天梦"。16岁那年，他只身来到莫斯科。阅读了大量数学、物理学、化学、机械学以及天文学方面的书籍。

齐奥尔科夫斯基首先研究的是热气球。先后写成了《气球原理》《可操纵的金属飞行器》等书。他书中的设想和设计是完全正确的，改进了原有热气球"无法控制"的缺陷，可惜未被俄国政府采纳。

他还设计了一架飞机。用两块固定的平板当作翅膀，并装有两个推进器。但沙皇政府对此不感兴趣。

他还精确地计算出火箭飞出地球所必须具备的速度。同时，他还指出，火药并不适合用于宇宙飞行，应该用液氢和液氧做燃料来代替火药。他还解决了宇宙航行方面许多重大的理论问题。

尽管他从理论上打开了人类进行太空航行的道路，但在当时他却看不到任何足以实现他的设想的曙光。

他还研究过喷气火车、改造过沙漠，写出了600多篇论文和科普作品。他对大气平流层探测和行星飞行的贡献非常有价值。

1935年9月19日，齐奥尔科夫斯基去世。他在临终前留下遗嘱，把自己毕生的著作全部捐献给自己的祖国。

40.除了航天员还有哪些生物进入过太空

当初，人类到未知的太空进行探险时，是有着极大风险的。为了减少风险，人类想到了用动物作为太空探险的先遣队员。这样，太空中就出现了一些"动物航天员"，而且它们的功绩已载入了人类的航空航天史册。

二十世纪五六十年代，至少有 57 只太空犬被安排执行太空任务。在加加林第一次进入太空之前，就至少有 10 只太空犬被苏联送入了太空。这些太空犬经过严格训练，可以长时间站立不动，它们被穿上太空服，进行搭乘火箭模拟器及适应离心机模拟火箭发射时的加速度训练为在太空舱中的生存做准备。进入轨道飞行的太空犬，是以营养胶来喂食的。

1960 年 8 月 19 日，太空犬卑尔卡和斯特拉卡搭乘苏联"五号"人造地球卫星在太空中飞行了一天，此外还有 1 只小灰兔、40 只小老鼠、两只大老鼠以及若干苍蝇和植物参与此次太空飞行，它们最终都成功地返回到地面。

美国更喜欢用猴子和猩猩进行太空探险。1948 年 6 月 11 日，一只叫艾伯特的猕猴随着 V-2 导弹的发射升空，不过艾伯特在飞行途中死于窒息。它的 5 个后代从 1949~1951 年相继参与了航天任务，不幸的是，它们最终都没有存活下来。直到 1959 年，参与飞行任务的两只猴子，艾伯尔和贝克，才顺利地存活下来。

1961 年 1 月 31 日，一只名为哈姆的猩猩作为宇宙飞船"水星号"的唯一一名乘客进入外太空，成为第一个到达外太空的类人动物。哈姆被送到离地 260 千米的空间，并且健康状态良好。经过 16 分钟的太空飞行，它最终成功地返回地面。

41 航天员在太空有哪些健康隐患

无论是中国还是其他国家，航天员执行任务的时间越来越长，在太空的时间里，航天员的身体会出现哪些我们意想不到的状况呢？

太空中航天员容易出现骨质疏松、肌力下降、平衡及代谢能力减退等状况。随着时间的推移，在失重的影响下，航天员身体机能受损伤的风险将极有可能不断加大。

人体在失重情况下可致使心血管功能的改变。在飞行过程中，航天员的血液和其他体液不像在重力条件下那样流向下身，而是从腿部逆流到头部和上身。航天员会出现面部浮肿，鼻咽部堵塞，身体质量重心上移等状况。还会伴随头晕、胃不适及呕吐等症状。

在失重环境下，人体失去重力负荷，抗重力肌就会逐渐萎缩，肌力也会逐渐减退乃至丧失。曾有航天员在太空中待了3个月后，出现肌肉萎缩症状，甚至失去多达30%的肌肉。回到地球后他们需要几个月的时间才能恢复正常。在航天飞行后的体检中发现，绝大多数航天员的体重减轻了两三千克。

航天员们特殊的工作环境使他们暴露在高能量辐射下，这些辐射来自银河系的宇宙射线和太阳耀斑。长期如此的话，人体的细胞会被杀死、DNA会遭受破坏，这就增加了航天员患上癌症和白内障的风险。

还有一些其他因素，包括心理压力、昼夜生物钟紊乱、极端温度和环境噪声等会导致航天员出现注意力不集中，睡眠中断和易感疲劳等状况。

不过通过药物和锻炼的调整，航天员的这些不适症状都能够得到缓解。

42.航天员在太空中有哪些工作

每次航天员进入太空可不是去游玩的，他们通常承担着比较繁重的任务。

航天员在天上到底有哪些工作要做呢？依据每次的飞行任务和在太空中停留的时间长短，航天员的工作侧重点各有不同。

航天员在太空的首要任务是要保证各种航天器的正常运行，这样其他的任务才能得以顺利进行。例如，控制航天器的常规操作，各舱内的仪器、仪表系统的维修和维护，向地面指挥中心定期通报航天器的运行状况和航天员们的身体状况等。

航天员在太空中，可以利用特殊的空间环境，进行很多不同于地球上的科学实验。可以观察航天员在失重环境下身体机能出现的各种变化；还可以研究动植物在太空环境下的生长、发育和变异情况。

此外，航天员在航天器上可以借助各种设备，对地球、太阳、月球、火星以及其他天体和大气层等进行深层次的观测与研究，通过天文望远镜，进一步认识天体的真实面貌。

航天员还可以利用远离地球这样的有利条件，对地球表面进行全方位的观察，和多角度的摄影。收集有关地球自然资源、地质地貌、大气层状态、海洋变化、沙漠植被作物覆盖等方面的大量信息。

当然还有我们熟知的"太空行走"，这项技术成熟后航天员就可在航天器外观察、安装设备，组装空间站等。

43. 航天员在太空中怎样吃饭

日常生活中，吃饭是一件再简单不过的事情了，我们用筷子、勺子、刀叉，轻而易举地就可以将饭菜送入口中。但是这一切到了太空后可就不容易了。下面我们就来看看航天员们是怎样在太空"费尽心思"吃饭的。

我们都知道，在地上吃馒头或吃面包掉一点碎渣不要紧，但是在太空的时候，掉的馒头、面包等碎渣就会浮在空中飘来飘去，这可能会使航天员将食物渣吸入鼻腔或进入眼睛而造成危害，因此航天员不能吃酥、脆、散的食品。

航天员的食品通常都是将含有维持人体每日正常的生理活动所必需的六大类物质的食物做成"一口吃"的小块状或是膏状，这样就可以避免食物残渣在太空舱内飘飞，也极大地方便航天员们干脆利落地用餐，省时又省力。而膏状太空食品则是食物经过特殊处理后分装在袋中，航天员用餐的时候，就像挤牙膏一样把食物挤入口中。航天员用餐时，不能张开嘴咀嚼，目的就是防止残渣外泄。

航天员通常每人一套餐具，包括餐盘、刀叉等。航天员用餐时，要先将餐盘束在大腿上，刀叉等吸附在餐盘上，餐盘上的尼龙搭扣，可以将食品牢牢地固定在餐盘内。餐盘和刀叉一般都带有磁性，不用时可以吸附在舱壁上，不会出现刀叉在舱内乱飞而伤着人和仪器的状况。

随着航天科技的发展，航天食品的种类现在变得越来越丰富，目前已达80多种。航天员在太空的饮食都有专门的食谱、进餐次数、摄入食物的热量、进餐时间间隔等各方面严格的规定和要求。

即便如此，在太空吃饭仍然是很麻烦的。

44. 航天员在太空中怎样睡觉

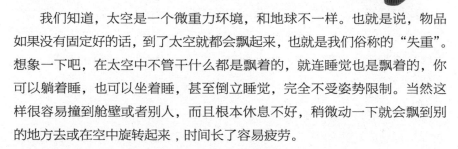

日常生活中，睡觉对我们来说再普通不过了。当我们疲倦时，躺到床上盖上被子，一会儿就能进入梦乡。但不知大家有没有想过，这些普通的事情如果在太空进行，还会这么容易吗？

我们知道，太空是一个微重力环境，和地球不一样。也就是说，物品如果没有固定好的话，到了太空就都会飘起来，也就是我们俗称的"失重"。想象一下吧，在太空中不管干什么都是飘着的，就连睡觉也是飘着的，你可以躺着睡，也可以坐着睡，甚至倒立睡觉，完全不受姿势限制。当然这样很容易撞到舱壁或者别人，而且根本休息不好，稍微动一下就会飘到别的地方去或在空中旋转起来，时间长了容易疲劳。

失重曾使相当多数量的航天员出现运动病症状，而且舱内嘈杂的工作环境和地面指令也会影响航天员的睡眠质量。

所以，科研人员在为航天员设计休息空间时，会让航天员们钻到睡袋里睡觉，并把睡袋牢牢固定在舱壁上。这样航天员不用再到处"打游击"了，在条件允许的情况下，可以让航天员躺在特制的床上睡。国际空间站上就有专门的卧室，并且配备有床铺和"枕头"，以及限制航天员睡觉时头部、身体运动的特殊装置，航天员睡觉时的舒适度和安全性都有相当程度的保障。

由于太空中的昼夜与地面不同，太阳每90分钟升起落下一次。太阳升起时，舱内一片明亮；太阳落下时，舱内又变得十分黑暗。所以航天员睡觉时都得戴上一副黑色的眼罩，这样可以有效地避免太阳的影响，安心地睡觉。

45. 航天员在太空中能看到地球的哪些景物

航天员在太空中除了完成科研任务，闲暇之余他们也会拿起手中的摄影机拍摄太空和地球的美景。在太空的轨道上，他们能看到地球上的哪些景物呢？

航天员们对地球的描述基本相同，从太空看地球，大气层就像是笼罩在地球之上的一层薄薄的轻纱，蓝色的海洋，黄绿相间的陆地。这是一个被蓝色海洋包裹的非常美丽的星球。

不过由于航天器的轨道不同，各国航天员看到的景色也不同。俄罗斯航天员费多尔·尤尔奇欣曾多次进入太空。在他的摄像机下，他曾经拍摄到了蜿蜒的亚马孙河、白雪皑皑的格陵兰岛、南美安第斯山脉正在喷发的火山，还有繁华的城市芝加哥。

曾在国际空间站工作过的日本航天员野口聪一在工作之余拍下了日本的明石海峡大桥，这是全世界最长的吊桥（长3991米）。除此之外还拍下了科罗拉多大峡谷、普卡基湖和死海。

在这里我们要解决一个问题。曾经有传言说航天员在太空能看到中国的万里长城，不过最近十几年上天的外国航天员都说没有见到。航天员杨利伟从太空回来后，也说没有看到万里长城。从理论上讲，航天员受到轨道高度、倾角、白天或夜间通过以及当时当地气象条件等因素的影响，只有借助高倍望远镜才能看到长城。即使当今最先进的"哈勃"太空望远镜，也从来没有向地面传回过长城的图片。

63

航天员在宇宙空间中执行任务时所受到的辐射危害主要来自银河系宇宙线、太阳高能粒子辐射和地磁捕获带辐射。银河宇宙线的通常是高能、高穿透力的粒子，包括高能质子和少量的重离子。太阳高能粒子则与日冕物质抛射活动和太阳耀斑等活动有关。地磁捕获带的辐射主要来自被地球磁场捕获的高强度带电粒子。

宇宙辐射对人体所产生的危害包括早期效应和远期效应两大类。一般情况下，早期效应主要来自太阳活动事件。此类事件发生时，如果太阳粒子的辐射量很大，就可能引起航天员出现诸如恶心呕吐、脱水、腹泻、虚脱和休克的症状，更有甚者会引起死亡。如果航天员在舱外活动的时间较长，屏蔽保护又做得不够的话，就极容易受到此类辐射的危害。

而远期效应对航天员的危害是更严重的，此类效应中又以癌症的危害程度更大。因而世界各国的空间机构对于航天员所能受到的宇宙辐射剂量都设定了上限。

　　航天员在近地轨道上飞行时，飞行时间较短，轨道倾斜角度比较低，再加上地球磁场对宇宙辐射的屏蔽，所受到的辐射危害相对较小。但是，对于航天员探月、太空行走、长期的太空居留和深空作业而言，远离了地球磁场的保护，再加上受到辐射的时间比较长，强度也不断加大，各类防护工作必须要做到位。

　　目前，航天员防护宇宙辐射的主要途径有以下几种：屏蔽防护、合理合适的药物防护、选择最佳的飞行时间以及建立太阳粒子事件预警系统等。

　　在现有的科技水平下，航天员防护宇宙辐射的任务主要是通过航天器和航天服来完成的。各类航天器舱体主要由多种具有防辐射的功能金属材料制成。航天器的舱壁四周有专供航天员观察地球和太空的舷窗，一般由三层特制的玻璃制成，同样具有防强光、防紫外线和防辐射的功能。此外，航天员的航天服作为一种多功能的太空装备，也具有一定的防辐射能力。

47.航天员如何利用自己的业余时间

航天员在太空中也不是一直都在工作，他们也有自己的休息时间，我们来看看他们都有哪些休闲娱乐活动。

20世纪六七十年代时，美国、苏联的航天员闲暇之余会听音乐、看书、写日记。那个时候还没有笔记本电脑，所以他们也不能刷微博。当时天地通话技术也比较落后，所以航天员有的上天后就趴在舷窗边看美丽的地球和黑色的太空，拿着手中的照相机留下珍贵的片段，要不就是和同事聊天打发时光。

随着科技的进步，航天员们也努力让自己的太空生活丰富起来。国际空间站上的美国航天员皮吉·惠特森和其他两位同事组织了6名航天员，举办了一场空中接力赛跑；俄罗斯航天员秋林挥杆击出一个高尔夫球；美国航天员安德森用足球、棒球和改装的球棒证实了地球上研究的无重力效应。只是在无重力环境下，他们得改变运动的游戏规则。

中国航天员在太空的休闲方式也十分有趣。航天员们可以上网发微博、看电影、听音乐等。就连一些传统评书也被带上了太空。一些大家喜闻乐见的小品和文艺演出的视频也被带进了飞船。

为了减少身体在无重力情况下的异常，航天员们还会在太空锻炼身体，航天器上备有拉力器、运动自行车等健身器械。我国航天员刘洋在值班间歇还打起了太极拳。

48. 航天员在太空中突发疾病该如何处理

如果能被选拔出来作为航天员，说明他（她）身体素质很好，在经过层层训练后进入太空，按照正常程序下来航天员是不会出什么问题的。不过万一航天员在太空中得了病怎么办？太空中可是没有医生的。

航天员在太空容易出现的各类疾病，既有太空环境因素引发的疾病，也有与地面相同症状的疾病。在搭载航天器刚进轨道时，航天员常会出现生理功能紊乱，导致航天运动病、体液丢失、心血管调节功能紊乱等。随着航天飞行时间的延长，还会引起钙流失、骨质松软、肌肉萎缩等。最常见的疾病包括发烧、牙痛、呼吸道感染、外伤等。

太空运动病和地面上晕船晕车相似，因为人在宇宙空间中会出现定向障碍，出现恶心、呕吐、头晕、嗜睡等各类症状。比如"神舟五号"飞行中，杨利伟就出现过定向障碍的表现，总觉得自己头是朝下的。

为了应对各种可能发生的疾病，航天员通常要携带种类齐全的药物进入太空。药物种类涉及心血管、呼吸、消化、泌尿、神经、皮肤、五官、口腔、外科等临床各科，从止痛药、胃药、抗抑郁药，到抗晕眩药、消炎药、安定药等一应俱全。

鉴于太空中环境的特殊性，药箱的设计、药物剂量等都有其特殊之处，太空环境下的用药，要求更复杂、更严格、更谨慎。

生命在于运动，这句经典格言用在航天员身上，再贴切不过了，太空飞行对航天员的身体素质有着极其严格的要求。

航天员在太空飞行中，常常会伴随着体液向头部转移、骨质疏松、肌肉萎缩等各类身体问题的困扰。为了减少航天员在太空飞行中的身体不适状况，保证太空探索任务的顺利进行和安全返航，航天员在太空中开展身体锻炼活动，是载人航天活动一直以来都十分注重的一项课题。

在早期的载人航天活动中，由于航天器座舱体积小，飞行时间比较短，飞行和科研任务重，航天员只能进行一些简单而持续时间不长的运动。随着飞行时间的不断延长，航天员在太空锻炼的时间和次数，都有增多，锻炼方式也越来越多样化。

"企鹅服"主要用于克服弹力锻炼航天员的肌肉力量。使航天员在失重状态下肌肉的结构和功能得以保持，减少肌肉萎缩症状。

自行车功量计是一种类似自行车的太空锻炼装置。航天员大都使用这种设施进行锻炼，这也是长期太空飞行中应用最为广泛的一种锻炼设施。航天员在太空舱中利用自行车功量计进行锻炼，对防止心脏和骨骼肌质量下降，增强呼吸功能具有一定的作用，并可以促进血液循环，改善组织器官的血液供应。

随着航空航天科技的发展和进步，航天员在太空中锻炼设施功能日益完备和完善。

50.航天员在太空中能不能看到流星

夜晚，我们在地面上仰望星空，幸运的话能看到流星划过天际，这时候我们还会偷偷许下一个愿望，希望流星能够帮助实现。当然，这只是我们的美好愿望而已。不过，当我们的航天员在太空飞行时，他们能不能看到美丽的流星划过天际呢？

在回答这个问题之前，我们先解释一下什么是流星。流星是陨石等物体在接近地球时，受到地球引力而被地球吸引，从而进入地球大气层，并与大气摩擦燃烧所产生的光迹。我们常见的有单个流星和流星雨，它们飞行的速度也比较快，基本上介于 11 千米 / 秒到 72 千米 / 秒。

知道了流星是怎么形成的，我们也就能够回答这个问题了。很遗憾，我们的航天员在太空里是看不到流星的。陨石等星体在太空漂浮时如果没有遇到其他星球给它施加引力，它们就会一直漫无目的地飘下去，没有尽头。

如果施加了引力而没有大气层的摩擦，那陨石掉到行星上，就不会有燃烧的表现。太空里也没有大气层，没有大气层的摩擦，就不会产生热量和发出耀眼的光，流星划过天际的壮观场面就不会出现。只有在类似地球的行星上，有着稠密的大气环绕，我们才能目睹流星燃烧的光彩。

虽然说航天员们在太空看不到流星甚至流星雨有些遗憾，不过只要时机合适，航天员们还是能够目睹陨石进入大气层时发出的耀眼光芒。

51.航天员在太空中能否看到极光

如果说太空中航天员看不到流星是因为没有大气层摩擦的缘故，那么航天员在太空中能不能看到极光呢？

这个问题我们能给出肯定的答案。航天员在太空里是可以看到美丽的极光的。

地球上的极光是怎么产生的呢？它是由于太阳风进入地球磁场，在地球南北两极附近地区的高空，激发高空大气分子或原子而形成的发光现象。这种光辉在南极叫南极光，在北极叫北极光。

地球上的极光其实是地球周围的一种大规模放电过程。来自太阳的高速带电粒子到达地球附近，地球磁场迫使其中一部分集中到南北两极。当它们进入极地附近的高空大气时，与大气中的原子和分子发生激烈的碰撞并激发，从而形成极光。

极光的产生必须具备大气、磁场和高速带电粒子三个条件，缺少其中任何一个都不能形成极光。极光并不仅仅出现在地球的高纬地带。其他行星如木星和土星上也有极光现象出现。太阳系的天体上在条件合适的情况下，也曾出现过极光。航天员在太空中拍摄到南极光和北极光的事件也多有报道，但在太空中看到极光的概率远远低于地球上。

52. 在火箭发射时航天员有什么感觉?

如果坐过飞机的话,你一定记得飞机起飞时的感受。肯定是感觉到有点胸闷,耳膜压力增大,甚至耳朵里还有"嗡嗡"的声音。不过这都是正常的表现。但是到了起飞速度比飞机快无数倍的火箭里面,航天员会是什么感觉呢?

国际空间站的华裔航天员爱德华·焦这样回忆,"我们都感到喘不过气来,像有巨石压身,耳朵里全是咚咚的心跳声"。当飞船搭乘火箭起飞时,航天员的心跳骤然加速,从平稳时的七八十次每秒可能会瞬间飙升到一百多次每秒。这是加速度的作用,数倍于体重的重量压在身上,椅子的晃动程度相当于3级地震。随着火箭推动器内的燃料不均匀地燃烧,推进过程中的颠簸程度也不断增强得厉害,整个座舱在飞驰中颠簸不停。

根据航天员杨利伟的回忆,当火箭起飞时,首先感到压力在不断增加。当火箭上升到三四十千米的高度时,火箭和飞船都开始剧烈晃动,并产生了共振。这让他"感觉五脏六腑都快要震碎了""差一点就坚持不住了"。

当然,航天科技的发展使得这一状况不断得以改观,这一技术问题也得到了解决。中国的"神舟七号"飞船搭载火箭起飞时就没有出现上述情况了。

当火箭飞了十几分钟进入近地轨道后,航天员会感觉到胸口瞬间好像卸下了一块大石头,人会一下子感到轻飘飘的,脑袋也因为充血而昏沉沉的。这时航天员进入了"失重"状态,如果不系上安全带的话,人就像断了线的风筝一样到处飘浮了。

53.航天员在返回地面后为什么要隔离一段时间

当航天员从太空返回地面后，我们看到航天员并不是被送回各自家里休息，而是将他们带到一个地方进行医学隔离，经过一段时间后才允许出来。那么航天员为什么要在返回后采取这种"隔离"措施呢？

不光是中国，世界各国对返回的航天员都是如此。对航天员进行医学隔离，主要是保护他们免受传染病的侵扰，同时也是为了对他们进行检查和恢复。

航天员完成飞行任务从太空返回地面之后，除了要先在着陆场进行医学检查，以利于医务人员对他们的健康作一个基本的判断外，还要回到医学中心隔离一段时间接受更详细更全面的医学检查和健康评估。

在太空中长期生活和参与深空作业的航天员受太空特殊环境的影响，体内的钙质流失严重，免疫力下降很多，再加上受到宇宙空间的辐射危害，返回地面时身体一般都比较虚弱。地面上任何一种常见的病毒，都有可能对他们的健康形成严重的威胁。因此，对他们实行严格的医学隔离是极其重要和必需的。对航天员实施医学隔离时间的长短，取决于他们身体恢复的情况和太空生活时间的长短。一般在太空生活的时间越久，医学隔离的时间也越长。

航天员的身体恢复主要包括平衡恢复、立位耐力恢复、心血管功能恢复和生物节律调整等方面的内容。此外，航天员在太空中，有可能会产生或沾染某些地球上不了解的病菌，通过进行医学隔离，还可以达到防止病菌的传播的目的。

54.普通人能不能像航天员一样进入太空

航天员作为一个特殊行业，选拔对象是各项素质都非常优秀的佼佼者。这似乎也向我们传递了一个信号，如果不是身体和心理条件特别好的人，这辈子都没有进入太空的可能了。

其实，近几年来国外普通人上太空的现实已经有力地扭转了这种观念。当然，普通人要经过严格挑选和艰苦培训，才能达到"飞天"的要求。迄今为止，已有多名普通人搭乘航天器遨游太空了，尽管他们的行程只有8~13天，但已经是普通人进入太空的一大步了。这些太空游客虽然年龄有大有小，但他们有几个共同点：一是他们都能支付得起太空游的昂贵费用；二是身体素质都比较好；三是都经过7个月甚至1年多的专门训练。

他们的身体条件不一定都像航天员一样出色，但都要接受进入太空的各项训练，从体质锻炼、理论知识培训、心理训练到特殊环境的耐力和适应性训练，从生存训练和航天器技术训练到空间科学及应用知识和技术训练和综合训练等，每项训练都不可或缺严格要求。

人进入太空的一个基本身体要求是，要经得起加速度产生的过载作用。因为加速度过大而产生的过载作用，会引起剧烈疼痛、意识短暂丧失，严重时可能会致死亡。所以，普通人上太空的基本要求之一就是要有一定的承受加速度产生的过载作用的能力。

55.为什么航天员在月球上走路是一跳一跳的

关于航天员登月后，有种说法是，航天员在月球上"行走"，并不像我们平时走路一样，而是像袋鼠一样一跳一跳的。这个说法是真的吗？

确实如此，美国的航天员登月后返回地球，他们的回忆中都提到在月球上"走"确实是用跳跃的姿势。因为月球对月面物体的吸引力，只有地球对地面物体吸引力的1/6。所以登月航天员的脚和地面的摩擦力也比较小，稍一用力就不由自主地"飘"起来了。比如说，我们在地面上立定跳高1米，在月球上就能跳6米，月球上跳高人人都是奥运冠军的水平。

人在月球上走路，就是头重脚轻，像喝醉了酒那样跟跟跄跄，一不当心就要摔跟头的。不过，人在月球上即使摔倒了也不会疼，因为在月球上摔向月面时就像电影里的慢镜头那样，相应地，在月球上如果摔倒了要爬起时的速度也很慢。如果是跳跃前进的话，比走路效果更好。航天员跳跃前进，这大概是他们在月球上行走的最好办法了。

为了保证不会总摔跤，航天员的室外航天服还会增加重量，让航天员在月球"走路"时保持更好的稳定性。航天员们也觉得在月球上跳跃是件很有意思的事情，在月球上跳跃的速度也不快，不会出现人仰马翻的现象。

56. 航天员在月球上的脚印为什么能长期保存？

日常生活中，我们在雪地、海滩上踩出个脚印，可能过一会儿就会被埋没了，也无法保存。但是在月球这样一个人迹罕至的地方，航天员登月时的脚印到现在还存在着，这是为什么呢？

原来，这种情况和月球没有大气层有关。因为没有空气的活动，所以月球表面也没有诸如刮风、下雨、下雪之类的气象变化情况。太阳光照强弱变化而引起的温差剧变会致使月球的表面的岩石出现碎裂，但对月球的尘面并没有太大影响。而月球的深层区域也非常平静，没有异常剧烈的月壳运动。绕地运转时在周期性潮汐应力作用下会产生轻微的月震。但至今在月球上仍没有出现明显的火山活动。所以月球的环形山还是相对稳定的。

1969 年 7 月 20 日，美国航天员阿姆斯特朗在月球表面迈出了他"个人的一小步，人类的一大步"。他的脚印至今还清晰地留在月球上。直到"阿波罗登月计划"结束时，已经有 12 位航天员的脚印留在了月球表面。如果不受任何外力作用，这些脚印甚至能够无限期地保存下去。

对航天员留在月球表面的脚印可以产生破坏作用的，除了偶然的陨石撞击外，还有太阳风和宇宙线粒子的影响。不过，这些物质要对哪怕 1 毫米的月面尘土产生磨损影响起码得耗费几千万年的时间。所以，登月航天员在月球表面留下的脚印可以长期保存在那里。

航天员们进入太空，必须要穿着专门制作的航天服。可别小瞧这一身衣服，那可是高科技的结晶。

航天服是人类在太空探索活动中为航天员的生命活动和工作能力提供保障的一种个人密闭装备，这种装备可以防护太空高低温、真空、微流星和太阳粒子活动等诸多太空环境因素对航天员的危害。从第一代航天服到现代更先进的航天服，人类的航天服也经历了一个性能不断更新和完善的历程。

航天服通常包括压力服、头盔、手套和靴子等各组成部分。按照用途的不同可分为舱内航天服和舱外航天服两大类。它们在材料和工艺方面都有特殊而严格的要求。

航天服在结构上通常分为6层。第一层是内衣舒适层，这一层比较贴近航天员的身体，通常选用质地比较柔软、吸湿性和透气性良好的棉针织品来制作。第二层是保暖层，一般选用羊毛和丝绵这样保暖性能良好、热阻比较大、质地非常柔软的材料。第三层是通风服和水冷服，主要用于散发热量，大多采用抗压性能好，质地比较柔软的材料制成，如尼龙膜等。

第四层是气密限制层，该层主要是保证航天员身体周围有一定压力，以确保他们在真空环境下的生命安全。鉴于这样的用途，气密层通常使用气密性比较好的尼龙胶布等材料制成。而限制层则一般选用强度比较高、伸长率比较低的涤纶织物制成。

第五层是隔热层，主要用于保护航天员在舱外活动时，不受过热或过冷环境的伤害。因而在材料的选择方面，通常选用多层镀铝的聚酯薄膜并在各层之间夹以无纺织布。第六层也就是外罩防护层，这一层是航天服的最外层，需要具备防火、防辐射和防宇宙空间各种危害宇航员的因素等功能。因而这一层的材料大多是镀铝织物。

一个国家的航天服的技术水平，是这个国家综合科技水平的体现。航天服在综合以上多种因素之后，造价通常都比较高。

我们生活中垃圾随处可见，这可是个让我们十分反感的东西，既污染环境又传播疾病。如果广袤的太空中也出现垃圾，该怎么办呢？

太空中确实没有我们想象的干净，也存在"太空垃圾"。它的种类还真不少。比如火箭升空过程中所产生的碎片、已经报废的人造卫星、航天器表面脱落的材料；航天器泄漏的固体、液体材料；航天器爆炸、碰撞过程中所产生的碎片等。

这些垃圾归根结底都是我们制造的。从人类发射第一颗人造卫星开始，到现在各国已经进行了无数次或成功或失败的发射活动。正是这些发射活动产生了不计其数的太空垃圾。虽然大部分太空垃圾已经坠入大气层烧毁，但截至 2012 年还有超过 4500 吨的太空垃圾绕着地球运行。我们就是被这么多太空垃圾所包围着。

不仅如此，执行舱外任务的航天员有时也会往太空扔垃圾。早期人们的环保意识还没有现在这么强烈，航天员们经常把生活垃圾扔到舱门外面让它们在太空里四处飘荡。由于航天器舱内外气压不均等，经常是航天员打开舱门时会有东西被吸出去，久而久之也就成了太空垃圾的一员。国际空间站的航天员就曾往太空扔过 200 多包的生活垃圾。

现在太空垃圾的问题日益严重，经常出现航天器与这些碎片相撞而发生事故的报告。如何处理这些垃圾已经是个迫在眉睫的问题。

59.我们应该如何处理太空垃圾

太空垃圾日益增加成为航天领域的一个重大问题，已经到了必须要解决的地步。不过对它的处理并不像日常生活里把垃圾扔到垃圾箱这么简单。科学家们又想出了什么办法减少太空垃圾的排放呢？

根据美国航天局的统计，地球轨道上环绕着大约4000个运行中或报废的人造卫星和火箭的残体，此外，还有大约6000个可以看到并追踪到的太空垃圾碎片；而直径超过一厘米的太空垃圾，更是多达20万个。这些物体的运行速度，大多保持在2万千米/小时以上。充斥在地球轨道上的这些太空垃圾无时无刻不在威胁着人类的太空探索工作甚至地球上的安全。

目前有几种常见的处理太空垃圾的方法。一是派遣装有激光仪器的航天飞机或者空间站或者火箭到外太空去，将一些较小型的太空垃圾彻底摧毁，大型的太空垃圾则带回地球处理。二是把一些已经报废的人造卫星推到较高的、航天器不怎么活动的轨道上去，避免它们撞上航天器。三是让这些碎片进入大气层自行焚毁，不过这样处理的成本比较高，而且会对臭氧层造成较大破坏。

当然，最直接的办法就是从现在起航天器不再往太空扔垃圾，科学家们也要提高航天器的科技含量，尽量减少事故的发生，或者给航天器穿上"铠甲"；再有就是国际上联合制定有关法规，让太空空间成为为人类文明服务的和平空间。

在航天梦的实现之旅中，人类一步一步冲出地球飞往月球，再飞往更遥远的行星，甚至更遥远更遥远的地方。除了月球，人类还到过哪些星球？我们能够冲出太阳系吗？我们的航天之梦将着眼在哪里？银河系？河外星系？我们到底可以飞多远？

第四章

一步一步冲出太阳系

60. 人类历史上哪个国家首次提出"探月计划"

我们对于距离最近的邻居——月球的兴趣已经持续上千年了，只要怀揣飞天梦想的人都希望到月球上一探究竟。那么，是哪个国家率先将这个梦想变成现实的?

把时光倒回到 20 世纪 60 年代，苏联首先把航天员送入太空。美国也不甘示弱，决心要先把自己的航天员送到月球上，于是美国航天局制订了一个探月计划，叫"阿波罗计划"，这个计划从 1961 年持续到 1972 年。在此期间，美国曾数次将航天员送到月球上。这是人类的第一个探月计划，也是航天史上具有划时代意义的一项成就。

要想把航天员送到月球上，首先要做好探测工作。直到 1964 年，美国的无人探测器"徘徊者 6 号"才在月面着陆，但摄像机出了故障，没有拍下照片。同年，"徘徊者 7 号"发射成功，拍摄了 4308 张月球特写照片。后来，美国又先后发射了 5 个月球轨道环行器，为"阿波罗"号飞船载人登月选择合适的着陆地点提供数据。

到了 1969 年，"阿波罗 11 号"飞船搭载着 3 名航天员飞往月球，其中阿姆斯特朗与奥尔德林成功登上月球，降落在月球表面被称为静海的荒原上，首次实现人类踏上月球的理想。此后美国又相继 6 次发射"阿波罗"号飞船，其中 5 次获得成功。共计有 12 名航天员登上月球表面。

探月计划耗资巨大，到了 1972 年，美国宣布将不再进行探月计划。不过进入 21 世纪后，美国计划在 2020 年左右开始在月球上建设月球基地。

从第一位进入太空的航天员加加林开始，人类已经往太空送入了400多位航天员。不过登上月球的航天员数量却很少，仅有12位。

最先登上月球的航天员是我们熟知的阿姆斯特朗和奥尔德林。1969年7月20日，阿姆斯特朗和奥尔德林驾驶"鹰"号登月舱在月球静海西南地区着陆，阿姆斯特朗率先走出登月舱，此时他说出了那句永垂史册的名言："这是我个人的一小步，却是人类的一大步。"15分钟后奥尔德林也踏上月球，他们共停留了21小时36分钟，完成了人类首次登月的伟大壮举。

从1969年7月至1972年12月，美国的阿波罗11～12号、14～17号，分六次将12名航天员送到月球的不同区域，这些航天员月面停留时间共计305小时19分。12名航天员在月面出舱活动时间总计80小时36分，其中"阿波罗11号"的航天员出舱活动时间最短，仅持续2小时24分；"阿波罗17号"航天员舱外活动时间最长，在月面累计活动了22小时5分。每位登月航天员在月面的活动范围各不相同，"阿波罗11号"航天员的活动范围仅有0.9千米，而"阿波罗17号"航天员的活动范围达到30千米。12位登月航天员先后取回381.7千克月球样品，并在月球上放置了大量探测月球的科学仪器。

此外，还有另外12名美国航天员飞临了月球上空，他们的主要任务是在环月轨道上执行飞行任务，负责等待和接应登上月球表面的航天员。

62.为什么说月壤有很高的能源价值

月球上也有土壤，而且月球上土壤经过科学检测，价值还非常高。

月壤是覆盖在月球表层的一层呈松散状态而且带有一定的黏性的堆积物，这些的堆积物的成分主要是矿物颗粒、岩石碎屑、玻璃状的二氧化硅、陨石碎片、黏合集块岩，以及沙和尘土等。据科学家估测，月壤在月海中通常仅有 3 ～ 5 米厚，在月陆区的厚度则 10 ～ 20 米不等，平均厚度为 10 米。第一个踏上月球表面的美国航天员阿姆斯特朗曾形容月壤像细碎而松散的碳粉，踏上去就会留下脚印。月壤的这种松软的特性，使得探月的月球车行驶在其上面时很容易打滑。

月壤具有很高的能源价值，研究并开发这些资源也是很多国家不遗余力地对月球进行探测的目的之一。月壤中丰富的银、锡、钛、镉、铅、溴、镓、锗、汞、铟、锑、碲和铁等矿物资源是值得人类未来长期研究和开发利用的珍贵资源；人类未来要合理地利用月球的资源，诸如在月球建设基地、开发资源都必须以月壤为基础；更值得称道的是各国的科学家们在月壤中探测到其中蕴藏丰富的一种稀有物质——氦3，科学家们甚至对研究利用月壤中的氦3来缓解地球上能源短缺的问题寄予无限希望。

月球上的氦3为什么这么被科学家们倚重呢？据目前初步保守地估算，月壤中氦3的总含量约为100～500万吨。氦3是一种可以长期使用的，既安全又高效清洁能源，这样一种理想的核聚变发电燃料，如果能合理地利用它们来发电的话，可以满足全球约7000年的需电量。

如此看来，有效地开发和利用月壤中的氦3，将为人类当下所面临的能源危机提供一种解决的可能。

63.为什么人类要开发月球

当人类开始各种探月活动，并一点点揭开月球的神秘面纱之后，科学家们从航天员和月球探测器带回的各种月球样本中发现月球表面蕴藏着如此丰富的各种矿物资源，地球上已知的几乎所有的元素和矿物质，月球上也都有，而且有的资源的含量远远高于地球。在地球上的矿产资源日渐出现各种危机的今天，开发月球矿产资源无疑对人类具有相当大大吸引力。据估测，仅仅月球表面散碎物的表层的铁的总含量就高达8万亿吨。

如果将来人类要在月球上建各种基地、太阳能电站、为各类宇宙空间作业的航天器补给能源，月球上所蕴含的各类资源的确是很好的选择。从月球上把航天作业的人员与设备送入太空要比从地球上借助航天器输送入太空省时、省钱、省力得多。

1994年，美国宇航局的"克莱门汀"探测器探测到了在月球的极地存在着水冰的第一个证据。1998年3月5日，"月球勘探者"号探测器又探测到在月球的两极存在着丰富的液态水资源，它们主要分布在月球北极近5万平方公里和月球南极近2万平方公里的区域内。科学家们认为，月球上的这些水资源如果能够得到有效的开发和利用的话，不仅能保证航天员每日的生活用水所需，还可以供太空栽培植物或饲养动物所用；月球上的水海可以为航天器提供燃料，有利于科学家们开发月球上的其他各种自然资源，把月球当作宇宙空间探测的前沿基地；而且研究月球上的水对于研究月球的成因和性质也有相当重要的科学意义。

也许在不久的将来，人类开发利用月球资源的梦想将会变成现实。

1959年苏联发射人类第一个月球探测器"月球1号",再到2013年12月中国发射的"嫦娥3号",迄今为止人类已经向月球发射了110多个探测器。

1958年到1976年是人类月球探测的第一个"高峰期",美国共发射了"先驱者""徘徊者号""月球轨道器号""阿波罗号"等系列月球探测器48个,而且成功地实现了6次载人登月计划,将12名航天员成功送上月球表面实现登陆计划,并先后带回了共计381.7千克的月球土壤和岩石样本。而苏联则一共发射了"月球号"、"宇宙号"等系列月球探测器62次,并且成功地发射了2个携带月球车的着陆探测器,实现了3次月面自动取样与往返,共获得月壤样品300多克。

苏联于1959年9月12日发射的"月球2号"探测器,是人类历史上第一个到达月球的探测器。同年10月4日发射的"月球3号"探测器成功地在月球背面拍摄到了第一张月球背面的照片。1976年8月22日,苏联最后一台自动取样器"月球24号"完成任务成功返回地球,至此苏联的探月活动告一段落。

20世纪80年代末,美国、俄罗斯、欧洲空间局和日本相继提出"重返月球"的计划。1990年,日本向月球发射了"飞天号"探测器,并释放了"羽衣号"月球轨道器。2007年日本又发射了"辉夜姬"号探月卫星。2010年9月,日本再一次成功地发射了"月神号"月球轨道。2008年10月,印度也成功发射了"月船1号"探测器。美国在2009年发射的"月球侦察轨道器",是迄今为止成像清晰度最佳的月球轨道器。

2007年10月,中国的首颗探月卫星"嫦娥一号"发射升空,完成使命后在一年多后成功实现撞月。2010年发射的"嫦娥二号"拍摄到了更加清晰的全月图。2013年12月"嫦娥三号"着陆器携带"玉兔"号月球车登陆月球表面,使得中国的探月之路向前迈出了更大一步。

65.什么是月球车

在月球表面上行驶并且用于考察月球和收集分析月球上采集到的样品的专用车辆,叫月球车,也叫月面车。月球车主要分为无人驾驶月球车和有人驾驶月球车两大类型。

一般情况下,无人驾驶月球车主要由轮式基盘和仪器舱两大部分构成,其供电来源主要由太阳能电池和蓄电池联合提供。由地面上的指挥中心通过技术性的遥控发出各类月面上作业的指令,可以畅行在高低不平的月球表面。有人驾驶月球车,则主要由航天员操控和驾驶在月面上行走,主要用于帮助拓展航天员在月球表面的活动范围。有了月球车的帮助,航天员在月球上进行各种科学考察活动就更加得心应手了。

月球车实质上是一种在特殊的环境下执行特殊的探测任务的机器人,它既有机器人的功能和属性,还具有航天器的性能和特点,跟地球上的机器人还是有些区别的。月球车的车轮一般有履带式和轮胎式两种。鉴于月球表面上昼夜的温差很大,月面的最高温度可达 130 摄氏度,而最低温度可至 –170 摄氏度,所以对月球车的轮胎的材料要求非常高。

1970 年 11 月 10 日,苏联发射"月球 17 号"探测器,把人类第一辆自动月球车"月行者 1 号"送上月球执行任务。"月行者 1 号"在月球上长达 11 个月的服役期间执行过 4 次巡游考察任务,总行程达 10540 米,考察总面积达 9 万平方米,在月球表面对 500 多个月面点上进行了月壤的物理测试,并对 25 个月面点进行了土壤的化学分析,拍摄了超过两万张关于月面的照片。

1971 年,大卫·斯科特和詹姆斯·欧文驾驶着历史上第一辆电动月球车,在月球表面上考察了三天,创下人类穿越月球表面的最远距离。

进入 21 世纪人类探月的热情又逐渐高涨起来。

其实美国在 20 世纪末期已经提出了"新太空计划"，计划在 2020 年之前美国宇航员将重登月球，并计划在月球上建立长期基地作为未来登陆火星和其他星球的跳板

2006 年 4 月，美国国家航空航天局提出一项"撞月探水"计划，希望能够成功地找到月球上存在水的有力证据，为美国航天员重返月球并在月球上建立基地做全方位的准备工作。"撞月探水"计划将利用计划于 2008 年 10 月发射的"月球环形山观测与感知"卫星来撞击月球南极。

2006 年 12 月 4 日，美国国家航空航天局又公布了"月球探索战略"和"月球基地计划"的初步构想，并计划在 2018 年实现美国航天员再次登月。

早在 1994 年欧洲空间局已经提出了重返月球并逐步建立起月球基地的详细计划。进入 21 世纪，欧空局不断在为登月做各项积极的准备工作。2003 年，欧空局成功发射了"SMART-1"月球探测器。2006 年 9 月 3 日，"SMART-1"月球探测器成功撞击月球。欧空局计划在 2020 年前分 4 个阶段进行月球探测活动，并计划在 2020 年实现载人登月，并逐步完成月球基地的建设。

俄罗斯太空局相关负责人在 2004 年就曾表示，俄罗斯计划将在 2020 到 2025 年在月球上建立一个自己的永久性基地，在此之前计划在 2015 年前后先实现重新载人登月计划。此后，俄罗斯还可能以月球基地为跳板在火星上建立类似的基地。

在探月领域亚洲的日本、印度和中国也展示出雄心壮志并开始施展拳脚。2007 年日本发射了"辉夜姬"号探月卫星。2008 年，印度也成功发射了"月船 1 号"月球探测器。中国则于 2007 年、2010 年和 2013 年分别成功发射了"嫦娥一号"、"嫦娥二号"和"嫦娥三号"探月卫星，迈出了中国探月工程的三大步。实现了探月计划的前两个目标，并为下一步的载人登月奠定了基础。

对月球更进一步的探索和开发利用月球资源已经提上了走在探月前列的国家的议事日程！

67.中国"嫦娥一号"探月卫星取得了哪些成果

为中国第一期探月工程的"先驱者",2007年发射的"嫦娥一号"探月卫星,是带着探测月球表面的环境、地貌、地形、地质构造和物理场的任务升空的。

在"嫦娥一号"为期一年多的服役期间,它圆满完成了预期的工作任务,成功地实现了中国探月一期工程的四大目标:绘制月球0度到南北纬70度的全月图,测定月球表面多种元素分布情况及其中的矿物质种类及含量,研究月球表面内层土壤的薄厚分布情况,探测月球的环境以及了解月球表面和空间的数据。

"嫦娥一号"卫星开展了卫星平台有关技术试验和卫星变轨能力、轨道测定能力的10多项验证试验。这些验证试验从2008年11月8日开始就按预定的计划顺利地得以实施,卫星的轨道从200千米圆轨道降到100千米圆轨道,接着再降到远月点100千米、近月点15千米的椭圆轨道上,最后再回到100千米的圆轨道上。同时,"嫦娥一号"卫星还开展了卫星部分系统的技术试验和可靠性试验,获得了一批相当有价值的技术试验数据,为中国的探月二期工程积累了技术和宝贵的工程经验。

2009年3月1日,"嫦娥一号"卫星在地面指挥中心科技工作者的精确控制下,准确地落在月球表面东经52.36度、南纬1.50度的预定撞击点上,圆满地完成使命,中国的探月一期工程完美收官。

68.中国的探月计划是什么

中国的探月工程经过10年的酝酿时间，最终确立了循序渐进的探月工程计划，分为"无人月球探测""载人登月"和"建立月球基地"三个阶段。

第一期的目标是计划在2007年发射"嫦娥一号"探月卫星，实施对月球表面的环境、地貌、地形、地质构造和物理场进行探测的任务，这一期的目标已经圆满实现。

第二期工程的时间确定为2007～2016年之间，目标是研制和成功发射航天器，使航天器在月球表面实现软着陆进而完成对月球表面一系列的探测任务。具体的方案是用安全降落在月球表面上的巡视车和自动机器人来探测着陆区的岩石与矿物成分，并测定着陆点的热流和周围环境，同时进行高分辨率摄影和月岩的现场探测或者采样分析工作，为以后中国在月球建立基地的选址提供月面的物理和化学参数。这一期的任务也2010年10月成功发射的"嫦娥二号"和2013年12月成功发射的"嫦娥三号"来执行。"嫦娥二号"探月卫星在完成既定任务后接受新的探测太阳的任务飞至拉格朗日L2点并传回地球大量珍贵数据，接着又被派往更深的宇宙空间去拍摄图塔蒂斯小行星的照片，并再次不辱使命完成任务。至今它仍在太空中向离太阳越来越近的方向飞行。目前"嫦娥三号"和"玉兔号"月球车依然在月球表面服役中。

第三期工程时间定在2016～2020年，目标是进行月面巡视勘察并实现采样返回。这一期的前一阶段主要是研制和发射新型软着陆月球巡视车，对着陆区域进行巡视勘察和收集材料的任务。后一阶段即2015年以后，研制和发射小型采样返回舱、月表钻岩机、月表采样器、机器人操作臂等，采集关键性样品返回地球，对着陆区进行各项考察和收集资料工作，为下一步实现载人登月和建立月球基地提供数据资料。此段工程顺利完成后中国航天技术将会迈上一个新的台阶。

69. "嫦娥三号"火星探测器是由什么组成的

2013年12月14日21时11分中国的"嫦娥三号"登月探测器经过12天的太空航行之旅，成功地在月球正面雨海东北部的预设区域实现软着陆。"嫦娥奔月"这个在中国绵延了数千年的探月之梦，终于得以实现。中国继美国和苏联之后，成为世界上第三个独立实现登月探测器在月球上软着陆的国家。

"嫦娥三号"的主体部分由着陆器和巡视探测器组成。着陆器担负着在月球表面软着陆并在实现软着陆后释放探测器的任务，包含着11个复杂的分系统。其中的着陆缓冲分系统，被设计成四条"中国腿"的外形，以利于帮助"嫦娥三号"最终实现腿式着陆，而在着陆器的顶部则安装有天文月基光学望远镜和极紫外相机，这在国际上均属于首例。

巡视探测器也就是我们所说的"月球车"，它有个可爱而好听的名字"玉兔号"。"嫦娥三号"登陆月球后大部分的科研任务都是由"玉兔号"来承担的，例如在月球上巡视、探测90天，对月壤进行材质构成的分析，将各项数据传输给地面指挥中心，以及和着陆器互相拍照等。为了让"玉兔号"探测器能够在月球表面这样的特殊环境下更好地执行任务，设计它所使用的材料都是既耐高温又抗低温的特殊材料。此外，它还被设计成轮式车的类型，连车轮上的花纹也被做了特殊处理。在"玉兔号"探测器的底部，还安装了测月雷达，这在国际上也同样属于第一次。

假 如有一天，地球真的不再适合人类居住，而人类也真的有足够的能力到达火星去的话，那么人类是不是可以把火星改造成为第二个像地球一样宜居的家园？科学家预测，想要改造火星，使其像地球那样成为一个适合人类居住生活的星球将是一项异常庞大的工程。要完成这项工程仅仅初级阶段就需要几十年甚至上百年的时间。而将整个火星球改造成为类似于地球的人类的第二个家园则可能需要数千年或者更长的时间。

美国航空航天局，欧洲空间局和日本太空中心曾经联合向人们展示了一个雄心勃勃的火星改造计划。

首先，改造火星面临的最大的挑战是怎么样让火星的气候逐步变得温暖起来。具体的设想是先在火星表面建造很多化工厂。接着产生出能引发温室效应的各种气体。并且控制这些气体，使得它们能够让火星地表的热量不会全都散发到太空中。如果计划能够顺利实施的话，估计 2080 年能够完成这项任务。

随着火星表面的温度逐渐升高，火星的大气层也会逐渐增厚。

当火星表面的温度能够上升到 –25 摄氏度时，便为一些种类的苔类植物的生长创造出了适宜的条件。当温度继续上升，可以达到 –15 摄氏度时，火星上的二氧化碳和氮气的含量都开始大规模地增加。伴随着火星的大气层的逐渐加厚，火星上空就会呈现出和地球上空一样的蓝天白云。液态的水也开始在火星原有的河道中汇集。

如此改造下去，预计到 2150 年，火星上的大气层差不多就可以稳定下来，当平均气温能够上升到 0 摄氏度的时候，火星上的生活条件会得到相当大程度的改善，比较适合人类生存了。也许到那个时候，人类从地球上向火星移民就不再是科幻作品中才有的场景了。而且火星上的引力只有地球引力的 1/3 左右，把火星打造成为人类继续进行深空探索的一个基地确实是个不错的选择。

71. 人类已经发射了哪些火星探测器

火星是目前人类已知的太阳系的所有天体中表面环境与地球最为接近的，因此有很多人猜测火星上可能有生命的存在，这也激发了人类探测火星的兴趣。

1962 年，苏联率先向火星发射了人类第一个火星探测器——"火星" 1号，可惜的是它在飞离地球 1 亿千米时与地面失去联系，并且从此下落不明。1964 年，美国成功发射了"水手" 4 号火星探测器，并在距离火星 1 万公里处拍回了 21 幅火星照片。

接下来的数年，美国相继发射了"水手"号的系列火星探测器，完成了关于火星探索的很多重要工作。1975 年，美国又相继发射了"海盗" 1号和 2 号火星探测器。1996 年 11 月、12 月美国相继成功发射了"火星全球勘探者"号和"火

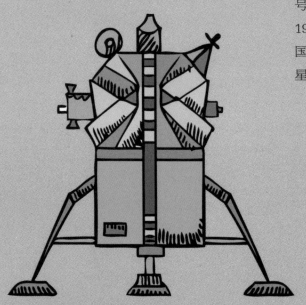

星探路者"号火星探测器，2001 年 4 月美国又成功发射了"2001 火星奥德赛"号火星探测器。2003 年 6 月和 7 月，美国又先后成功发射了"勇气"号和"机遇"号火星车，前者 2004 年已与地面失去联系，后者目前仍在超期服役中。

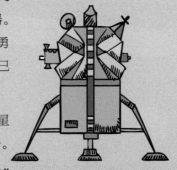

2003 年 6 月欧空局成功发射了其首次火星探测计划的第一枚火星探测器"火星快车"号。

2007 年 8 月 4 日，美国成功发射"凤凰"号火星着陆探测器，"凤凰"号于 2008 年 5 月 25 日成功降落在火星北极附近区域，但是目前已经与地面失去了联系。2011 年 11 月 26 日，迄今为止美国航空航天局最先进最大的火星车"好奇"号卡纳维拉尔角基地发射成功。2012 年 8 月 6 日，"好奇"号成功登陆火星，主要用于探测火星历史上是否存在适宜生命生存的环境。

2011 年 11 月 8 日，中国火星探测计划中的第一颗火星探测器"萤火 1 号"与俄罗斯的采样返回探测器一起发射升空，开始对火星的探测研究。

美国的 MAVEN 火星探测器 2014 年已经投入到火星探测的任务当中。欧空局与俄罗斯合作的 ExoMars 火星探测器也将在 2016 年开始火星探测任务。

深空探测器，也叫空间探测器，是一种用以对月球和月球以外的天体以及空间进行探测研究的无人航天器。这些探测器主要有月球探测器、行星和行星际探测器和太阳探测器等。

人类发射深空探测器的主要目的是更进一步了解太阳系的起源、演变历史和现状；进一步认识地球环境的形成和演变历史；探索生命的起源和演变过程等。由于目前我们的载人飞行的技术还不够完备，人类进入深空进行科研活动还有一定的难度，所以需要这些无人深空探测器来帮忙完成一些任务。

深空探测器可以对月球和太阳系的行星进行近距离观测，也可以直接进行取样探测，开创了人类对太阳系内的行星进行探索研究的新阶段。深空探测器离开地球时，必须获得足够大的速度才能够摆脱地球引力的作用，实现深空飞行。

深空探测器与人造卫星有许多类似的地方，但也有其自身的独特之处和特殊的要求。在能

源供给方面，由于它们通常离太阳比较远，完全利用太阳能来保证其正常工作不够现实，因此这类探测器的能源供给大多以核能为主。在通信和深空跟踪方面，由于它们远离地球，因而对于通信系统的技术性和可靠性要求更高。在导航制导和控制方面，深空探测器飞离地球的速度大小和方向稍有一点误差，就会直接影响到其到达目标行星的情况，甚至会出现很大的偏差。因此深空探测器需要非常先进和可靠的精确控制以及导航系统。

从苏联开始，到后来的美国、俄罗斯、日本、中国和印度，人类已经发射了 200 多颗深空探测器，对太阳系的八大行星，以及小行星、彗星和太阳系边缘进行探索，并取得了一定的成果。

73.深空探测器"旅行者1号"都携带了哪些物品

人类为了探索更深广的宇宙空间,在20世纪70年代曾经发射了几个深空探测器,这些探测器携带着全人类对宇宙空间的问候,飞向茫茫太空。

1977年9月5日美国航空航天局成功发射了"旅行者1号"深空探测器,它曾经到访过木星和土星,并向地面指挥中心传输了木星、土星及其卫星的照片。时至今日,它仍然在服役中并且已经飞到太阳系的边缘,即将进入更深远的宇宙空间。

人类为了表达对可能存在的外星生命的问候,在"旅行者1号"探测器上搭载了十分特别的礼物。在"旅行者1号"上携带着一张铜质的磁盘唱片,它有30.48厘米厚,表面镀金,唱片内还藏有用金刚石制成的留声机针。哪怕经过十亿年的时间,这张唱片的音质也不会改变,依然如新。唱片中储存了用55种人类语言录制的问候语和90分钟声乐集锦,此外,还存储着115幅影像,包括太阳系各大行星的图片、人类的性器官图像以及相关说明等。

唱片中的语言既包括古代美索不达米亚的阿卡得语等非常冷僻的语言,也包括四种中国方言——普通话、闽南语、粤语和吴语。声乐集锦主要是地球自然界的各种声音和27首世界名曲,其中包括中国的京剧和古曲《高山流水》,以及莫扎特的《魔笛》和日本传统的尺八曲等。

74. 现在有没有深空探测器飞出太阳系

目前世界上服役时间最长的深空探测器是1977年美国国家航空航天局发射的"旅行者1号"和"旅行者2号"深空探测器，至今依然在工作中。如果没有超出预料的状况发生，它们将能一直与地面指挥中心保持联系，直到2025年左右耗尽所携带的能源。

"旅行者1号"的发射时间比"旅行者2号"其实还要晚上将近一个月。不过由于它的飞行速度比较快，因而"旅行者2号"永远都不会超越它。"旅行者1号"最初所设定的主要目标是探测木星和土星，以及土星的卫星。在完成既定任务之后，它现在的目标任务已经变成探测太阳风顶，也就是探测太阳风最远能够吹到哪里，以及对太阳风进行测量。"旅行者1号"和"旅行者2号"深空探测器，都是以三块放射性同位素发电机作为动力来源的。

2011年2月，就有迹象表明，"旅行者1号"已在之前某个时刻抵达了太阳系边缘的"过渡区"，这个过渡区就是太阳系与星际空间最后的交界处。而根据美国航空航天局2012年5月7日发布的消息，"旅行者1号"现在已经飞到了太阳系的边缘，是目前距离地球最为遥远的人造航天器，它即将飞出太阳系范围，成为一艘在恒星际空间飞行的航天器。2014年9月，美国国家航空航天局宣布"旅行者1号"探测器已经离开太阳系，正在飞向别的恒星。

时至今日，人类的深空探测器只不过刚飞离太阳系，载人航天器也仅仅将人类送上过月球而已。难道说以人类现有的科学技术水平还远远无法实现人类进入更为深广的宇宙空间的理想？

我们知道，距离地球最近的恒星系是阿尔法人马座，它和地球的距离是 4.4 光年，这个距离是截至目前人类历史上飞行距离最远的深空探测器"旅行者 1 号"飞行距离的 3000 倍。如此看来，人类想要飞出太阳系，并不是那么容易实现的事情。人类要想飞出太阳系，需要借助速度极快的航天器，即极速飞行器，它比目前人类制造的任何航天器都要先进得多。

以现有航天器的速度，需要通过 12 万年的飞行才能抵达阿尔法人马座。也就是说，一名航天员如果想要在自己的有生之年乘航天器飞抵那里，其所搭载的航天器的飞行速度必须是现有航天器飞行速度的 3000 倍。这在当前几乎是不可能完成的一个任务。

如果将航天器的动力来源改为用核裂变、核聚变和反物质 3 种工作形式工作的核反应堆，就有可能实现这个理想。

1984 年，美国物理学家罗伯特·福沃德提出了利用古老的风帆技术原理进行星际旅行的理念。正如强劲的风能推动帆船漂洋过海那样，强大的激光束也可以推动配备有大"帆"的航天器遨游在宇宙空间里。激光束射到"帆"上以后便转化成动力支配航天器的飞行。科学家们也设想过利用太阳系中的激光器为航天器提供动力，让其逐渐提高速度，奔向更遥远的宇宙空间。

不过，人类在这条漫长的道路上还有许多需要应对和解决的问题。在长达 40 多年的飞行旅程中，食物、氧气和水，以及身体和心理的健康都是需要周密研究并积极应对的现实问题。

希望有一天，人类的星际旅行不再只是梦想。

从人类第一架飞机、第一枚火箭上天开始，我们的航天事业就在不断地向前迈进。正因为无数个可以载入航天史上的具有里程碑意义的事件才推动着人类的航天事业向新的领域和高度不断发展。借助人造卫星、宇宙飞船、空间站，人类一次次地利用聪明才智向更遥远宇宙空间进发，那些写入航天史上的人与事，记载了人类在航天事业上奋斗的足迹，也让我们看到人类航天事业更加美好的未来。

第五章

写入航天史的人与事

76. 第一位进入太空的航天员是谁

自古以来，人类就渴望进入太空。不过受科技发展水平的限制，直到20世纪，人类的航天事业才获得了较快的发展。

1961年4月12日是一个值得我们铭记的日子。在拜克努尔发射中心，苏联航天员尤里·加加林搭乘"东方1号"宇宙飞船飞向太空，在最大高度为301千米的轨道上环绕地球飞行一周。经历了1小时48分钟的绕地飞行后，在莫斯科时间上午10时55分他成功返回地球，完成了世界上首次航天器载人飞行的任务，实现了人类进入太空的愿望。加加林也成为人类第一位进入太空的航天员。他所驾驶的"东方1号"宇宙飞船也成为世界上第一个载人进入外层空间的航天器。

加加林本来是一位空军飞行员，小时候家境贫寒，15岁的他就到工厂工作。不过他仍然专心学习，加入了萨拉托夫航空俱乐部，依靠业余时间学习飞行。加加林1957年参军，1959年他从3400多名空军飞行员中脱颖而出，在国家航天员选拔活动中成为20名入选者中的一员。在航天员训练中，加加林凭借着坚定的信念、出色的体质和过人的机智成为苏联第一名航天员。

在加加林完成了史无前例的太空飞行后，许多荣誉和赞美也接踵而至，他还到访过27个国家。遗憾的是，1968年3月27日，他在一次例行的飞行训练中，因为飞机坠毁而不幸罹难，当时他只有34岁。为了纪念他对航天事业所做出的贡献，苏联把每年的4月12日定为宇航节，以此缅怀这位航天领域的英雄人物。在月球背面，有一座环形山也是以他的名字命名的。加加林成为航天时代的一个象征。

RUSSIA·2011 РОССИЯ 50P

77.第一位完成太空行走的航天员是谁

加加林成功进入太空后，苏联又开始了下一个计划——首先完成"太空行走"。这次的重任落到了航天员阿里克谢·列昂诺夫与别列亚耶夫身上。

1965 年 3 月 18 日，两位航天员乘坐"上升 2 号"飞船进入太空。阿里克谢·列昂诺夫在距离地球 50 万米的太空打开飞船的舱门，迈出了人类在茫茫宇宙中只身行走的第一步，这也是人类历史上的首次太空行走。

这次太空行走过程却没有想象的顺利。列昂诺夫在走出飞船时周围是真空状态，出舱后不久，他的航天服就鼓了起来，他不得不努力控制它们。24 分钟后，当他完成太空行走准备返回飞船时，膨胀的舱外航天服的直径已经达到 190 厘米，以至于他无法顺利进入舱门。在这种紧急情况下，他果断调低了生命保障系统的气压，他的心律已经达到 190 次每分钟。情况十分危急，他又不得不冒着患上减压病的巨大风险，再次调低航天服内的气压，最后将舱门关闭，并顺利回到飞船座舱中。

虽然最后一刻化险为夷，但整个危机处理过程中列昂诺夫所承受的心理和生理压力却是我们无法想象的：他的体重减少了 5.4 千克，每一只靴子中积聚了 3 升汗水。

然而考验并没有终止，当两位航天员乘飞船返回地面时，定位系统又出现了故障，他们冒着极大的风险手动控制降落，结果飞船降落在西伯利亚高原上。面临着恶劣的气候环境和狼群的威胁。直到着陆 24 小时后，他们才成功得以获救。

为了表彰列昂诺夫在航天事业方面所建立的功勋，月球背面的一座环形山以他的名字命名。

78.第一位登上月球的航天员是谁

在看到竞争对手苏联已经率先完成了进入太空和实现太空行走两个重要目标后，美国也不甘示弱，把航天事业的重点投向地球的邻居——月球上，并且首先实现了人类登月的梦想。

1969 年 7 月 16 日，飞船指令长尼尔·阿姆斯特朗、指令舱驾驶员柯林斯和登月舱驾驶员奥尔德林搭乘"阿波罗 11 号"宇宙飞船，飞向月球 。7 月 20 日，阿姆斯特朗操纵"鹰号"登月舱成功地在月球表面着陆。当舱门打开，阿姆斯特朗慢慢地扶着梯子走出登月舱。22 点左右，阿姆斯特朗的左脚踏上了月球表面，成为人类历史上第一位登上月球的航天员。接着他说出了那句经典的话："这是我个人的一小步，却是人类的一大步。"15 分钟后，奥尔德林也踏上了月球，成为第二位踏上月球的人。他们开始测试人类在月球上行走的可行性，并在月球表面插上了一面美国国旗。

安装完毕早期阿波罗科学实验包之后，阿姆斯特朗走到了登月舱外 60 米的地方，这是两位航天员在月球表面最远的活动距离。他们取得了月芯的标本和一些月表岩石的标本，还拍摄了一些照片，并放置了一些探测月球的仪器。阿姆斯特朗最后一个任务就是把一个纪念牌放在月球表面上，以缅怀苏联航天员加加林、科马罗夫，以及"阿波罗 1 号"的 3 位航天员查菲、格里索姆和怀特。

阿姆斯特朗和奥尔德林在登月舱外活动了约两个半小时的时间。1969 年 7 月 21 日登月舱与指令舱会合后，于 24 日成功返回地球。

阿姆斯特朗此后再也没有进入太空。 2012 年 8 月 25 日，82 岁的阿姆斯特朗因病逝世。他为人类航天事业所做出的贡献将永垂史册。

苏联的加加林是第一位进入太空的男性航天员，那么第一位进入太空的女性航天员是谁呢？

人类历史上第一位女性航天员也是来自苏联，名叫瓦莲金娜·捷列什科娃。1937年3月6日，瓦莲金娜·捷列什科娃在苏联雅罗斯拉夫尔州出生。1955年中学毕业之后，她一边工作一边学习，在业余时间参加了航空俱乐部的跳伞活动。

1961年，苏联开始挑选女航天员。要求候选人必须懂跳伞，年龄在30岁以下，身高在1.7米以下，体重则不能超过70千克。苏联航天部门之所以对航天员的跳伞技术有过硬的要求，是因为"东方6号"飞船的航天员在返回地面时会先从飞船中弹出，然后再借助降落伞着陆。

1963年6月16日捷列什科娃驾驶着"东方6号"飞船飞向太空，她也成为世界上第一个进入太空的女性。她驾驶飞船绕着地球一共飞行了48周，用了70小时40分钟49秒的时间，飞行里程接近200万千米。捷列什科娃一直对她的飞行任务严格保密，一直到她顺利完成此次太空飞行的任务，她的家人才通过广播得知这件事。

在捷列什科娃的整个太空飞行任务中，最令她感到恐慌的时刻是返回着陆的时候。在距离地面4千米的高度打开降落伞后，捷列什科娃很难自如地对其进行操控，甚至一度担心自己会降落在湖面上，不过最终她还是成功地降落在地面上。

捷列什科娃不仅是人类历史上第一位进入太空的女性，同时也是唯一的一位进行单人太空飞行的女性航天员。

80. 中国第一位进入太空的航天员是谁

这是一个应该被所有中国人铭记的名字，他就是中国第一位进入太空的航天员——杨利伟。

杨利伟，出生于辽宁省绥中县，中国空军飞行员。北京时间 2003 年 10 月 15 日 9 时，杨利伟搭乘由"长征二号"F 火箭所运载的"神舟五号"飞船从酒泉卫星发射中心顺利升空，他由此成为中国第一位进入太空的航天员，中国也因此成为世界上第三个掌握载人航天技术的国家。

1995 年 9 月，中国载人航天工程指挥部开始从空军现役飞行员中进行预备航天员的选拔工作。要求预备航天员的身高在 160 ～ 172 厘米，年龄在 25 ～ 35 岁，累计飞行不低于 600 小时，飞行成绩优良等。

经过预选、初选、复选、复审四个阶段的层层筛选，最后只留下 12 名预备航天员，杨利伟、聂海胜、景海鹏等后来出色地执行多项航天任务的航天员都是从这次选拔中走出来的。

航天员的训练强度远胜于飞行员，在难度方面也更高，杨利伟都一一坚持了下来，并且每个训练科目的成绩都非常优秀。高难度和高强度的训练使得杨利伟对飞船的飞行程序和操作程序都掌握得非常熟练。在长达 21 小时 23 分钟的飞天之旅中，他的各项操作保持零失误的记录。

当"神舟五号"飞船绕地球飞行到第七圈时，杨利伟在太空展示了中国国旗和联合国旗，表达了中国人民和平利用太空、造福全人类的美好愿望。

"神舟五号"飞船于 2003 年 10 月 16 日成功返回地面，杨利伟还完成了自主出舱，中国的首次载人航天任务获得圆满成功。为了表彰他对航天事业所做出的贡献，小行星 21064 以他的名字命名。

继杨利伟成为中国首位进入太空的航天员后，中国航天事业又在 2008 年取得了新的突破——实现了中国航天员的首次"太空行走"。

2008 年 9 月 25 日，中国酒泉卫星发射中心又迎来了载人飞船的发射任务。这次即将飞向太空的是"神舟七号"飞船，搭载翟志刚、刘伯明、景海鹏 3 位航天员。

北京时间 9 月 27 日 16 点 30 分，42 岁的航天员翟志刚走出飞船舱门，迈出了中国航天员在茫茫宇宙空间行走的第一步，实现了中国历史上航天员的第一次太空行走，中国由此成为世界上第三个能够自主把航天员送入太空并进行太空行走的国家。

翟志刚先在刘伯明和景海鹏的帮助下打开飞船舱门，接着翟志刚最先探出头，并向舱外默认的闭路镜头挥了挥手，之后全身走出舱外。这时，刘伯明也把头探出舱外，并将一面小型的五星红旗交给翟志刚。翟志刚接过五星红旗，并挥动片刻。随后翟志刚取回舱外装载的固体润滑实验材料，并将其交给轨道舱内的刘伯明。翟志刚此次舱外活动历时 28 分钟，随后成功返回轨道舱内。

在此次太空行走任务中，翟志刚和刘伯明分别穿着由中国制造的"飞天"舱外航天服和俄罗斯制造的"海鹰"舱外航天服。航天员的出舱活动离不开舱外航天服所提供的各种保障，诸如大气压力和氧气的供给，提供安全防护，减少宇宙射线和太阳粒子对航天员的辐射等，保障航天员的生命安全，确保通信的畅通等，是航天员出舱活动的主要装备，在安全性和可靠性方面要求很高。中国的"飞天"舱外航天服在航天员首次太空行走任务中也做出了突出的贡献。

2008 年 9 月 28 日，"神舟七号"飞船成功着陆在预设的着陆区域内，此次飞天任务圆满完成。

在"神舟九号"载人飞船发射任务中，中国首位女航天员出色地完成了任务。她就是中国的"飞天神女"——刘洋。

目前，全球已经有 58 位女航天员飞上过太空，其中美国航天员占 46 人，苏联和俄罗斯有 3 人，加拿大、日本和中国各占 2 人（中国"神舟九号"的刘洋和"神舟十号"的王亚平），英国、法国和韩国各占 1 人。

刘洋是一名飞行员，在作为航天员之前她已经安全飞行了 11 年以上。从小到大，刘洋的成绩都非常优秀。作为一名飞行员，她遇事毫不惊慌，成功地处理了多次险情。正是因为有了良好的各项素质，2010 年，她从 15 名航天员候选人中脱颖而出，正式成为中国第二批航天员。

据航天员杨利伟回忆，刘洋最大的特点就是诚实、可爱："有个环节是考英语口语，我们先面试的是另一个女飞行员。当面试刘洋的时候，她对考官说，先面试的战友已经和她讲了你们要问的一些题目，请你们出新的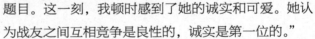题目。这一刻，我顿时感到了她的诚实和可爱。她认为战友之间互相竞争是良性的，诚实是第一位的。"

在"神舟九号"飞行的 13 天时间里，刘洋主要负责航天医学实验和空间实验管理。三名航天员协同配合对"天宫一号"进行了照料与管理，并开展了相关空间科学实验。刘洋还第一个体验了太空自行车。闲暇之余，她利用值夜班间隙，还打了一段太极拳。

2012 年 6 月 29 日，"神舟九号"成功返回地面，航天员们顺利出舱。

83.中国第一颗人造地球卫星于何时发射

1970 年4月24日，中国第一颗人造地球卫星 ——"东方红一号"，在酒泉卫星发射中心成功发射，它是由以钱学森为首任院长的中国空间技术研究院研制的。中国是继苏联、美国、法国、日本之后世界上第五个借助自主研发制造的火箭发射国产卫星的国家，由此在中国的航天史上写下了浓墨重彩的一笔，开创了中国航天的新时代。

北京时间 1970 年 4 月 24 日 21 时 35 分，"东方红一号"卫星由"长征一号"运载火箭搭载着冲向太空。"东方红一号"卫星重 173 千克，其主要任务是向太空播放中国的《东方红》乐曲，同时进行各项卫星技术试验，探测电离层和大气的密度。"东方红一号"卫星把《东方红》乐曲传向外太空，在其执行任务期间还把大量遥测参数以及各种太空探测资料成功地传回地面指挥中心。

卫星在太空运行了 28 天之后，电池的寿命终结，《东方红》乐曲因而停止播放，结束了它的工作寿命。但是，卫星的轨道寿命并没有结束，预计它大约还能在太空运行数百年的时间。

"东方红一号"卫星的研制和成功发射，代表着当时中国的经济、科技发展水平，反映了中国的社会和军事实力，体现了国家的综合国力，一定程度上对当时的国际关系格局产生了重要的影响，极大地增强了当时中国的民族自豪感和凝聚力。从此中国在深空探测领域也占有了一席之地。

101

84.第一颗人造地球卫星何时升空

我们把时光追溯到 1957 年 10 月 4 日，当时苏联的拜科努尔航天中心天气晴朗。一枚大型火箭竖立在人造卫星发射塔上待命。在火箭的头部装着一颗呈圆球形的人造卫星，它叫"斯普特尼克 1 号"。伴随着火箭发动机的巨响，火箭带着"斯普特尼克 1 号"升空，在不到两分钟的时间里便消失在人们的视野中。接着，世界上第一颗人造地球卫星"斯普特尼克 1 号"发射成功的消息迅速传遍全球，全世界为之振奋。

"斯普特尼克 1 号"的发射成功，宣告了人类从此进入利用航天器探索宇宙空间的新时代。第一颗人造地球卫星的设计者是苏联著名的火箭和宇航设计师科罗廖夫，这颗卫星的制造工作也是由他来主持的。该卫星是由镀铬合金制成的圆球形航天器，重量高达 83.6 千克，在其密闭的铝壳内装着一个化学电池、一个温度计和一台双频率小型发报机，它绕地运行一周所用的时间是 96 分钟。它在近地轨道上绕地飞行了 1400 圈，92 个昼夜，总航程达到 6000 万千米。

鉴于 1957 年 10 月 4 日所发射的第一颗人造地球卫星，在人类探索外空的道路上所具有的里程碑意义，以及为了纪念 1967 年 10 月 10 日《外层空间条约》生效，在 1999 年联合国第三次外空会议上，各与会国一致提议，将每年 10 月 4 日至 10 日定为"世界空间周"。这一提议在同一年 12 月的联国第 54 届大会上被确定下来。

85. 第一颗撞击月球表面的探测器是何时发射的

在人类登月之前，我们已经向月球发射了许多探测器，获得了许多科研数据。那么第一颗撞击月球表面的探测器是何时发射的呢？

它就是"月球2号"探测器，是苏联的第一个月球探测计划——"月球计划"的第六颗无人月球探测器，它于1959年9月12日在拜科努尔航天发射场发射，也是世界上第一个在月球表面硬着陆的航天器。

发射升空后，"月球2号"直接飞往月球，9月13日，"月球2号"释放了钠蒸气，以利于地面跟踪人员对其进行观测，以更好地了解其飞行过程。当"月球2号"快要接近月球时，航天设计师科罗廖夫和他的助手们在控制室里紧张地等待着历史性的那一时刻的到来。当"月球2号"于9月14日按照计划到达月球上空，并以3.3千米每秒的速度精确地撞击在月球的两座环形山之间时，整个地面指挥中心都沸腾了，大家掩饰不住内心的喜悦为"月球2号"完成使命而欢呼。

"月球2号"探测器是人类航天史上第一个降落在月球上的人造航天器，也是第一个到达太阳系中地球之外的另一个天体的航天器。它在撞上月面之前，成功地向地面指挥中心发回了大量有关月球磁场和辐射带的重要数据。

"月球2号"实现月面硬着陆后半个小时，发回地面的探测结果表明，月球上没有磁场。自此，人类迈出了月球探测的重要一步。

86. 第一颗发射成功的登陆金星的探测器是何时发射的

20世纪中叶后，美国和苏联为了争夺世界霸权和太空领域的主导地位，相继推行了许多空间探测计划。在相继实现登月的同时，也不忘对其他行星进行探索。在距离太阳较近的金星上，这回又是苏联抢了先机。

1967 年 6 月 12 日，苏联成功发射了"金星 4 号"探测器，该探测器于同年 10 月 18 日进入金星的大气层。"金星 4 号"的着陆舱的直径为 1 米，重达 383 千克，外表包裹着厚厚的一层耐高温壳体。探测器的着陆舱在进入大气层后便展开了降落伞，借助降落伞的作用慢慢下降，在这个过程中探测器所获取的数据被及时地传送到轨道舱中，接着再传输到地面指挥中心。当着陆舱下降到距离金星表面 24.96 千米时，信号发射终止，估计是着陆舱被金星的高气压压扁而损毁了。不过，"金星 4 号"探测器是人类所成功发射的第一颗登陆金星的探测器。

"金星 4 号"探测器的主要任务是调查金星大气的组成、温度和压力。根据其登陆金星过程中所传输的数据分析，金星的大气层很厚，主要由二氧化碳、几个百分点的氮气和不到百分之一的氧气组成；金星的外层大气中有很少的氢气而且没有氧气；金星没有辐射场只拥有弱磁场；金星表面的温度非常高。

人类一直在寻找来自其他星球的生命，从太阳系除地球外的其他七大行星来看，它们或者是距离太阳太近，温度极高而无法让生命存活，或是因为距离太阳太远而得不到足够的光照和氧气，也无法使生命存活。这些探测器为我们利用太空资源提供了丰富的数据支持。

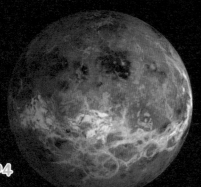

87. "哈勃"望远镜是何时进入太空的

"哈勃"空间望远镜，是以天文学家爱德温·哈勃的名字来命名的，它是在地球轨道上绕地运行的太空望远镜。"哈勃"望远镜于1990年在美国肯尼迪航天中心成功发射，由美国航空航天局和欧洲空间局共同管理，是天文史上最为重要的仪器之一。

由"发现者"号航天飞机送上太空轨道的"哈勃"望远镜造价差不多300亿人民币，直径为4.3米，长13.3米，重达11.6吨。它的时速为2.8万千米，绕地公转一周需要97分钟的时间，采用卡塞格林式反射系统，携带有广域和行星照相机，戈达德高解析摄谱仪，高速光度计，暗天体照相机等各种仪器，清晰度可达地面上的天文望远镜的10倍以上。

"哈勃"望远镜运行在地球的大气层之上，具有超深空的视场，其影像也不会受到大气湍流的干扰，还能很好地观测会被臭氧层吸收的紫外线，弥补了地面观测的很多不足之处。帮助天文工作者们解决了许多问题，拓宽了天文工作者们的视野。

"哈勃"望远镜为我们进一步了解宇宙提供了大量具有很高科学价值的敏锐而深入的太空光学影像。然而，由于它的服役时间太长，虽经多次维护，依然频频出现问题。为了缓解这一局面，它的继任者"詹姆斯·韦伯"太空望远镜计划于2018年发射升空，目标位置在太阳—地球的第二拉格朗日点，并逐步接替"哈勃"太空望远镜的各项工作。

在"哈勃"服役的25年间，它成果频出，收集了海量观测数据，发现了迄今为止人类所知的最古老的星系，推算出宇宙的年龄为138亿年等，为我们的天文学事业做出了不可磨灭的贡献。

88. 第一座空间站是什么时候成功发射的

最初，宇航员进入太空后，必须在短时间内返回地球，而再次进入太空又会带来多种不便，因此科学家们一直在寻找一种可以长时间停留在太空的方法，如今这种梦想终于实现了，那就是建立空间站。空间站是一种在近地轨道上实现长时间运行的载人航天器，这种航天器可同时供给多名航天员长期在太空工作和生活。

空间站一般分为单一式和组合式两种。单一式空间站可由航天运载器一次发射进入轨道即可，而组合式空间站的建立则需要由航天运载器分批将组件送入轨道，然后由航天员在太空进行组装。在空间站中还要有保证航天员工作生活的一切设施，使他们不需要经常返回地球。

空间站的能源通常是由太阳所提供的，因此空间站外部通常装有太阳能电池板，以保证站内的电能供应。此外，空间站外部还必须要有可与其他航天器实现对接的对接舱口。

迄今为止，全世界已经发射了 10 个空间站。苏联是世界上最先发射载人空间站的国家。1971 年 4 月 19 日，苏联发射了世界上第一座空间站"礼炮 1 号"，开创了载人太空飞行的新纪元。"礼炮 1 号"空间站由轨道舱、服务舱和对接舱所组成，整体呈不规则的圆柱形，它还同"联盟号"载人飞船实现对接组成了可供 6 名宇航员工作生活的居住舱。"礼炮 1 号"空间站在太空中运行了 6 个月，先后与"联盟 10 号"和"联盟 11 号"两艘飞船实现了对接，在太空共停留了 26 天，在顺利完成使命后它于同年 10 月 11 日在太平洋上空坠毁。

"**和**平"号空间站作为迄今为止运行时间最长的空间站，有哪些成就让我们印象深刻呢？

从 1986 年到 2001 年 15 年的时间里，"和平"号空间站实现绕地飞行 8 万多周，行程达到 35 亿千米，共与 31 艘载人飞船、62 艘货运飞船实现对接，先后接待过 28 个长期考察组和 16 个短期考察组，帮助 15 个国家的科学家一共进行了约 16500 次科学试验，顺利完成了 23 项国际科学考察计划的任务，并研制产生了 600 项可应用的新技术。

这些数字无不在向我们证明"和平"号空间站所创下的各项纪录：它是在太空服役时间最长、超期服役时间最久、工作效率最高、接待各国航天员人数最多的空间站。俄罗斯航天员波利亚科夫在"和平"号空间站创造了单次连续在太空飞行 438 天的纪录。此外，"和平"号空间站还在空间商业化和试验人造月亮等领域进行了诸多探索，为人类更好地开发利用太空资源以及长期生活在太空积累了丰富而有益的经验。

"和平"号空间站在载人空间站的研究领域具有相当重要的价值。我们从"和平"号空间站的科学试验中所掌握的太空生命保障技术，太空行走技术、太空舱建设、发射和对接技术，以及航天医学、生物工程学、天体物理学、天文学知识，都正在或将在人类更进一步的深空探索领域做出重要贡献。

2001 年 3 月 23 日，"和平"号空间站按预定计划成功坠落于南太平洋指定海域，使命虽然终结，但它的影响却是深远的。它的岗位则由迄今为止最大的空间站——国际太空站所取代。

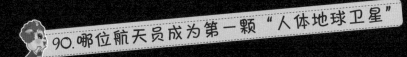

太空行走分为系绳太空行走和自由太空行走。我们比较了解的是前一种，而后一种是一项相当危险的行动。所谓"人体地球卫星"，就是航天员在太空行走时没有安全绳的保护，依靠航天服背部安装的飞行器进行工作，这样就可以离开航天器进行不受距离限制的太空行走，像卫星一样以每小时约28000千米的速度在环绕地球的轨道上飞行。这种试验的目的大多是为了释放、修理和回收卫星。

1984年2月3日，"挑战者号"航天飞机搭载5名航天员进入太空，由其中的航天员麦克坎德雷斯和斯图尔特完成自由太空行走这个壮举。同年2月7日，在距离地面350千米的轨道上，他们会背着飞行器离开航天飞机。如果失败，他们将会变为"僵尸"，半年后坠入大气层，化为灰烬。

麦克坎德雷斯将此置之度外，他调整好姿势，打开开关，飞行器喷出氮气，推动他缓缓飞行，一直飞出97米，创造人类太空行走的最远距离。这是人类第一次在太空自由飞行，他也是第一颗"人体地球卫星"。麦克坎德雷斯激动得语无伦次。他在太空待了90分钟后返回航天飞机。在他回去的一瞬间，全世界为他欢呼雀跃，他在太空自由行走的照片也成为经典之作。

航天员斯图尔特同样顺利完成自由飞行92米。他在太空停留65分钟后返回航天飞机，成为第二颗"人体地球卫星"。除此之外，他们还通过自由太空行走将4颗卫星成功释放到宇宙空间里，不过有两颗没有进入预定轨道，发生故障。为此后来的航天员还专门将它们带回地球，重新发射。

麦克坎德雷斯和斯图尔特向世界证明了自由太空行走一样可以成功，过程可以说十分完美。

Mr.Know All

Mr.Know All 浩瀚宇宙

小书虫读科学

怎样冲出太阳系

《指尖上的探索》编委会 组织编写

作家出版社

策划出品 悦读名品　图片服务 悦读名品 123RF

太空航行的主要目的是探索、开发和利用太空以及地球以外的天体。人类是否可以冲出太阳系？怎样冲出太阳系？本书针对青少年读者设计，图文并茂地介绍了飞翔——从梦想到现实、航天——冲向太空的努力、在太空——航天员的故事、一步一步冲出太阳系、写入航天史的人与事等五部分内容。

图书在版编目（CIP）数据

怎样冲出太阳系 /《指尖上的探索》编委会编. --
北京：作家出版社，2015.11（2022.5重印）
　（小书虫读科学）
　ISBN 978-7-5063-8565-7

　Ⅰ.①怎… Ⅱ.①指… Ⅲ.①太阳系—青少年读物
Ⅳ.①P18-49

　中国版本图书馆CIP数据核字（2015）第278785号

怎样冲出太阳系

作　　者　《指尖上的探索》编委会
责任编辑　杨兵兵
装帧设计　高高 BOOKS
出版发行　作家出版社有限公司
社　　址　北京农展馆南里10号　　**邮　编**　100125
电话传真　86-10-65067186（发行中心及邮购部）
　　　　　　86-10-65004079（总编室）
E-mail:zuojia@zuojia.net.cn
http://www.zuojiachubanshe.com
印　　刷　北京盛通印刷股份有限公司
成品尺寸　163×210
字　　数　170千
印　　张　10.5
版　　次　2016年1月第1版
印　　次　2022年5月第2次印刷
ISBN 978-7-5063-8565-7
定　　价　33.00元

Mr.Know All
小书虫读科学

001.中国古代传说中的嫦娥吃了不死药后飘到哪里了？

A.月亮上

B.太阳上

C.金星上

002.《洞天集》中关于仙槎的想法在今天看来像哪种航天器？

A.人造卫星

B.宇宙飞船

C.空间站

003.关于中国古人对太空的想法下列哪一项不正确？

A.想象有人凭借"仙力"或者奇异的装置飞到浩瀚的宇宙中

B.想象有人从海上坐船直通天河（银河）

C.他们的想象在当时就实现了

004.下列哪本中国古代典籍中最早记录了"嫦娥奔月"的故事？

A.《淮南子》

B.《拾遗记》

C.《博物志》

005.下列哪项不是中国早期的天文观？

A.天圆地方

B.盖天说

C.日心说

006.下列哪项与张衡无关？

A.制造了地动仪

B.盖天说

C.提出"浑天说"

007.西方哪位科学家不支持地心说？

A.亚里士多德

B.托勒密

C.哥白尼

008.下列关于古人对地球和太空的认知说法中，不正确的是哪一项？

A.古代埃及人认为大地是漂在水上的

B.古罗马人则认为大地下有支柱支撑着

C.古印度人想象大地是驮在大象背上的

009.下列哪项属于地心说？

A.地球不是宇宙中心

B.日月星辰绕地球转

C.地球绕着月亮转

010.下列哪项是哥白尼的观点？

A.地球并不是宇宙的中心

B.太阳绕地球运转

C.宇宙的中心是地球

011.下列哪项不是哥白尼的成就？

A.推翻了天文学上统治了上千年的地球中心说

B.人类宇宙观的伟大进步

C.日心说成为永久不变的真理

012.自然科学和哲学开始飞速发展是从什么时候开始的？

A.亚里士多德时代

B.托勒密时代

C.哥白尼时代

013.下列哪项不是孔明灯的作用？

A.传递信号

B.示警

C.载人飞行

014.真正意义上的热气球诞生在哪里？

A.法国

B.英国

C.德国

015.热气球很难应用在哪些领域？

A.航空、气象

B.大量运送物资

C.高空游览、军事

016.热气球上天后主要动力来自什么？

A.风

B.雾

C.雨

017.热气球最早的主要用途是什么？

A.用于军事

B.用于探险

C.用于游玩

018.第一位用热气球环球航行的人来自哪国？

A.中国

B.美国

C.澳大利亚

019.福塞特用多长时间乘热气球独自不间断完成环球航行？

A.13 天零 12 小时

B.320 天零 12 小时

C.100 天零 12 小时

020.驾驶热气球成功完成环球航行是福塞特第几次尝试环球航行？

A.第四次

B.第五次

C.第六次

021."滑翔机之父"是谁？

A.奥托·李林塔尔

B.莱特兄弟

C.罗伯特兄弟

022.世界上第一架滑翔机于哪年被制造？

A.1890 年

B.1891 年

C.1892 年

023.关于世界上第一架滑翔机，表述不正确的是哪一项？

A.用竹和藤做骨架

B.像展开双翼的蝙蝠

C.靠燃料飞行

024.现代滑翔机的主要用途是什么？

A.体育航空运动

B.运送物资

C.运送乘客

025.世界上最早发明飞艇的人是谁？

A.罗伯特兄弟

B.莱特兄弟

C.菲迪南德·格拉夫·齐柏林

026.人类历史上第一艘有动力的飞艇在哪年诞生？

A.1783 年

B.1784 年

C.1903 年

027."飞艇之父"是谁？

A.罗伯特兄弟

B.莱特兄弟

C.菲迪南德·格拉夫·齐柏林

028.关于现代飞艇的用途，不正确的是哪一项？

A.用途十分广泛

B.现代飞艇还处于人力飞艇阶段

C.可用于航空、气象观测、空中预警、军事探测

029.世界上第一架动力飞机在哪里问世？

A.美国北卡罗来纳州

B.德国

C.英国

030.第一架动力飞机的发明者是谁？

A.奥托·李林塔尔

B.莱特兄弟

C.罗伯特兄弟

031.第一架动力飞机叫什么名字？

A.飞行者一号

B.莱特兄弟

C.自由精神

032.世界上第一架动力飞机在哪一年问世？

A.1900 年

B.1903 年

C.1902 年

033.下列哪项不是飞机进行分类常采用的科学依据？

A.按照飞机用途

B.按照飞机大小

C.按照发动机类型

034.关于螺旋桨飞机说法，不正确的是哪一项？

A.螺旋桨飞机是最原始的动力飞机

B.利用螺旋桨的转动将空气向机后推动，借其反作用力推动飞机前进

C.螺旋桨飞机已被淘汰不用

035.下列说法中不正确的是哪一项？

A.民航客机时速可达 500~1000 千米，载客 400~500 人

B.飞机航程决定了支线飞机和干线飞机的区别

C.飞机的分类方式导致飞机质量参差不齐

036.关于远程飞机，下列说法中种不正确的是哪一项？

A.航程为 14000 千米左右

B.又称为支线飞机

C.用于国内干线和国际航线

037.波音公司属于哪个国家？

A.英国

B.美国

C.法国

038.为什么要研制空中客车飞机？

A.挑战波音的霸主地位

B.产品更新换代的需要

C.乘客的要求

039.空中客车飞机是由哪些国家联
合研制的？

A.英国、法国、德国

B.法国、瑞典、比利时

C.丹麦、德国、西班牙

040.下列观点不正确的是哪一项？

A.波音一直是全球最主要的民用飞
机制造商

B.空中客车飞机更强调通过电脑来
实现飞行员对飞行的控制

C.民航市场上波音和空中客车还有
很多有力竞争对手

041.下列关于"无人机"的表述，
正确的一项是？

A.利用无线电遥控和自带程序控制，
飞机上没有驾驶舱

B.能像普通飞机一样自主起飞

C.无人操纵，全部自动化

042.无人机诞生在哪个国家？

A.美国

B.英国

C.德国

043.无人机直到哪一年才试飞成
功？

A.1917 年

B.1927 年

C.1937 年

044.设计无人机的初衷是什么？

A.航空测绘

B.个人爱好

C.军事用途

045.人类飞天的最早实践者是谁？

A.万户

B.加加林

C.杨利伟

046.下列哪项不是万户的飞天装
置？

A.他发明了一种可操纵的飞行器，
很像两条连在一起的飞蛇

B.座椅后面紧连着一个特制的木架，
木架上安装着 47 支巨型火箭

C.万户的飞天装置上安装了小型火
箭推进器

047.下列哪项不是万户的设想?

A.万户想飞到月亮上

B.万户想借助火箭的推力和风筝扑动的力量飞向太空

C.万户考虑到通过增加装置的升力让它飞起来

048.后人复原万户的装置证明了什么问题?

A.凭借当时的科技水平不可能飞天

B.万户为自己不切实际的幻想白白献出生命

049.火箭起源于哪里?

A.中国

B.美国

C.德国

050.火箭和飞机的不同点在哪里?

A.火箭和飞机都能在大气层飞行

B.火箭能在大气层外的太空飞行

C.火箭和飞机都需要燃料才能飞行

051.火箭的推力是怎么产生的?

A.靠风推动产生的

B.靠助推器推动产生的

C.热气流高速向后喷出,利用产生的反作用力向前运动所产生的

052.下列哪项不属于现代火箭的用途?

A.跟民航飞机的作用一样

B.作为探空、发射人造卫星、载人飞船、空间站的运载工具

C.成为远程攻击的武器

053.美国第一架航天飞机于哪年研制成功?

A.1977 年

B.1978 年

C.1979 年

054.下列哪项不是航天飞机的特点?

A.结合了飞机与航天器的性质

B.多次重复使用

C.和宇宙飞船一样,只能使用一次

055.航天飞机不能执行什么任务?

A.把人造卫星从地面带到太空将其送至既定轨道

B.无人驾驶打击军事目标

C.进行多项科研工作,比如微重力实验

056.为什么美国也逐渐减少了发射
航天飞机的活动？

A.航天飞机都退役了

B.国家不感兴趣

C.技术和系统维护需要大量的人力
物力，花销实在太大

057.下列哪项是宇宙飞船的特点？

A.宇宙飞船可以载人，可以搭乘
2～3名航天员

B.能够保证航天员长期生活

C.运行时间很长，可以在太空飞行
数十年以上

058.为什么宇宙飞船要增加特设系
统？

A.科研任务的要求

B.满足航天员在太空工作和生活的
多种需要

C.改善宇宙飞船的性能

059.人类第一艘宇宙飞船于哪一年
发射？

A.1960 年

B.1961 年

C.1962 年

060.最复杂的宇宙飞船是几舱型
的？

A.单舱型

B.双舱型

C.三舱型

061.航天员能在空间站长期停留
吗？

A.不可以

B.可以

062.空间站最突出的特征是什么？

A.体积更加庞大

B.在太空轨道运行的时间长

C.能够长期载人

063.空间站发射时为什么一般不携
带航天员？

A.降低设计和制造难度

B.空间小，地方不够

C.全自动完成，没必要

064.目前全世界共发射了多少个空
间站？

A.10

B.8

C.9

065.火箭的故乡在哪里?

A.中国

B.美国

C.德国

066.以火药为动力的火箭出现在下列哪个朝代?

A.三国

B.唐朝

C.北宋

067.关于以火药为动力的火箭原理,下列哪一项不正确?

A.靠自身携带的燃料燃烧产生的气体喷射的反作用力推进

B.箭杆上绑上易燃引火物,点燃后靠弩弓放射出去

C.原始火箭在工作原理上与现代火箭没有什么不同

068.世界上最早的观赏性火箭叫什么?

A.火流星

B.火龙出水

C.没有名字

069.为了提高运载能力,中华民族在古代火箭上做了哪些努力?

A.最早应用了串联(多级)和并联(捆绑)技术

B.最早考虑将火箭用来载人

C.最早将火箭当作航天工具

070.下列哪项不是中国古代火箭技术取得的成就?

A.神火飞鸦

B.火龙出水

C.宇宙飞船

071.下列哪项中的理解不正确?

A.“神火飞鸦”是串联技术的体现

B.“火龙出水”是现代鱼雷的雏形

C.“火龙出水”的发射原理跟现代多级火箭发射的原理是相同的

072.关于中国古代火箭技术,下列哪项中的说法不正确?

A.火箭的出现意味着中国古代科技达到鼎盛时期

B.中国最早发明了火箭

C.“火龙出水”是现代多级火箭的始祖

073.美国"火箭之父"是谁?

A.戈达德

B.万户

C.莱特兄弟

074.戈达德的火箭在哪一年发射成功?

A.1921 年

B.1926 年

C.1959 年

075.关于戈达德的火箭,下列观点正确的是哪项?

A.以煤油和液氢为推进剂

B.戈达德所在的时代火箭能飞到月球

C.戈达德把火箭投入到军事上

076.戈达德的试验证明了什么?

A.他经常作出不切实际的幻想

B.火箭可以飞出地球大气层

C.好高骛远

077.一个物体达到什么速度就能环绕地球飞行?

A.第一宇宙速度

B.第二宇宙速度

C.第三宇宙速度

078.为什么炮弹不能环绕地球飞行?

A.射程不够

B.没达到第一宇宙速度

C.后坐力不足

079.第一宇宙速度是多少?

A.7.9 千米 / 秒

B.11.2 千米 / 秒

C.16.7 千米 / 秒

080.关于第一宇宙速度,下列说法正确的是哪一项?

A.第一宇宙速度也叫"逃逸速度"

B.飞行器摆脱地球引力环绕地球飞行需要的速度

C.地球上的物体要环绕太阳运动,达到第一宇宙速度就行了

081.火箭怎样就能飞出大气层?

A.按照战斗机的速度飞

B.想飞多快就飞多快

C.达到第一宇宙速度

082.下列哪个因素可以为火箭加速?

A.在有大风的天气发射

B.多携带燃料,依靠地球自转的速度

C.为火箭少带燃料,减轻重量

083. 下列哪一项的观点不正确？

A. 火箭靠往后喷出的气体产生的反作用力前进

B. 速度达到 7.9 千米每秒，就能使火箭冲出大气层

C. 火箭以第一宇宙速度飞行时，它还是会掉下来

084. 关于火箭，下列说法中正确的是哪一项？

A. 多级火箭能飞出大气层

B. 火箭速度慢点也能飞出大气层

C. 即使达不到第一宇宙速度，火箭也能把任何航天器带出地球

085. 火箭为什么不能用汽油当燃料？

A. 汽油太贵

B. 汽油发动机对汽油的利用率低，而且真空状态下发动机不能工作

C. 容易爆炸

086. 火箭为什么要用液体燃料？

A. 液体燃料释放的能量大，推力大，燃烧时间较长

B. 液体燃料比较便宜

C. 固体燃料不好携带

087. 早期火箭都用哪种燃料？

A. 肼

B. 液氢

C. 液氧

088. 现在火箭普遍选用哪种燃料？

A. 柴油

B. 汽油

C. 煤油

089. 下列哪项不是火箭发射台底部蓄水池的作用？

A. 保护火箭和发射架

B. 减少热能

C. 接纳火箭碎片

090. 火箭发射台底部蓄水池里的水为什么不会使发动机熄火？

A. 水沸点低，率先被汽化

B. 池子里的水不够多

C. 火势太猛，灭不了

091. 关于火箭消耗的热能，不正确的是哪一项？

A. 一部分热能被水池里的水吸收

B. 另一部分通过暗道排放出来

C. 一次发射消耗热能太多，加剧温室效应

092.关于火箭的发射，下列哪个说法不正确？

A.火箭和发射台必须要有水池的保护

B.暗道洞口烧焦的树木承担了吸收热能的工作

C.火箭上天后会把池子里的水消耗殆尽

093.中国最大的综合性火箭卫星发射场是哪座发射场？

A.酒泉卫星发射中心

B.西昌卫星发射中心

C.太原卫星发射中心

094.关于酒泉卫星发射中心，下列说法中不正确的是哪一项？

A.中国第一颗人造卫星"东方红一号"从这里发射

B."神舟"号载人飞船从这里飞向太空

C.位于陕西省

095.关于肯尼迪航天中心，我们能了解什么内容？

A.这个地方禁止参观

B."挑战者号""哥伦比亚号"航天飞机都从这里发射

C.位于佛罗里达州西海岸

096.关于苏联拜科努尔发射场，下列哪项中的说法不正确？

A.加加林乘坐"东方1号"载人飞船，从这里出发进入太空

B.位于俄罗斯境内

C.人类第一个空间站"礼炮1号"在此发射

097.单级火箭能完成航天器发射任务吗？

A.不能

B.能

098.多级火箭的工作原理是什么？

A.所有火箭发动机一起工作，最短时间内飞出太空

B.几个单级火箭连接在一起，其中一个先工作，工作完毕后与其他的火箭分离，后面的火箭依次完成工作，直到完成发射任务

C.几个火箭发动机先工作，燃料耗尽后再换另外的几个发动机

099.下列哪项中的理解不正确？

A.多级火箭要让所有的火箭达到第一宇宙速度

B.多级火箭目的是让最前一级火箭上的卫星或飞船达到第一宇宙速度

C.多级火箭可以提高运载能力

100.下列关于多级火箭的理解，不正确的是哪一项？

A.级数越多越好

B.大多采用 2 ~ 3 级

C.最多不超过 4 级

101.火箭和导弹是一回事吗？

A.不是，导弹都属于火箭，但火箭却不一定是导弹

B.是，只是不同的称呼而已

C.火箭都是导弹

102.下列哪项不是导弹的特点？

A.导弹属于火箭，也是在火箭的基础上发展起来的

B.依靠自身的动力装置推进，由控制系统控制其飞行并导向目标的一种武器

C.携带爆炸物质的无控火箭就叫作导弹

103.为什么发射人造卫星和宇宙飞船的火箭不是导弹？

A.这种有控火箭不携带炸药，没有破坏力

B.它只会飞出大气层，打不到目标

C.这种火箭很容易解体，寿命很短

104.导弹能不能运载人造卫星？

A.能，它也算火箭

B.不能，导弹已经是武器了，不能执行飞出太空的任务

105.下列哪项不是火箭发动机的特点？

A.自带推进剂，而不依赖空气的喷气发动机

B.火箭发动机工作不能没有空气

C.火箭是靠发动机喷出的气体的反作用力前进的

106.下列哪项不符合火箭在真空的工作特征？

A.燃料的燃烧不需要空气的参与，物质之间的化学反应就能产生推动力

B.没有空气阻力的影响，火箭的速度反而能更快

C.火箭发动机在真空就会停止工作

107.飞机的发动机有什么特点？

A.什么环境都能适应

B.只携带燃料，从空气中获得氧气

C.对气候敏感

108.飞机的发动机为什么只能在大气层内工作？

A.携带的燃料燃烧所需的氧气要从大气中获取

B.发动机在大气层外会烧毁

C.燃料不足以支撑飞机飞到大气层外

109.航天飞机起飞的步骤是怎样的？

A.上升到几十千米高空时，扔下助推火箭。在上升到100多千米时，抛掉燃料箱

B.带着助推火箭和燃料箱一起进入太空

C.仅靠自身携带的发动机就能进入太空

110.下列哪项不是助推火箭的作用？

A.航天飞机进入轨道前的飞行，就要靠火箭来助推

B.分担航天飞机的重量

C.为航天飞机加速

111.下列哪项不是阻碍航天飞机速度的因素？

A.航天飞机本身的重量

B.地球自转

C.航天飞机受到的空气阻力也远远超过大型飞机

112.航天飞机将被什么航天器取代？

A.空间站

B.载人飞船

C.空天飞机

113.航天飞机起飞时发动机是怎样工作的？

A.两个助推器发动机和轨道器发动机共3台发动机同时点火

B.仅靠助推器发动机点火

C.仅靠轨道器的发动机点火

114.航天飞机的哪个部件不能回收？

A.轨道器

B.助推器

C.燃料箱

115.为什么航天飞机的燃料箱无法回收？

A.脱落高度太高，本身又太重，只能让其坠毁

B.燃料箱没有回收价值

C.燃料箱的设计上有缺陷

116.关于轨道器，下列说法中不正确的是哪一项？

A.轨道器采用了全新的、可重复使用的防热材料和技术

B.轨道器和宇宙飞船一样，都是只能使用一次

C.轨道器可以在返回大气层后像飞机一样水平着陆

117.太空中航天员呼吸的氧气是怎么供应的？

A.跟在地球上一样

B.通过植物的光合作用产生的氧气

C.依靠氧化剂进行化学反应

118.在太空中采取下列哪一措施不能产生氧气？

A.太阳光照

B.电解水

C.携带大量液氧

119.关于太空中携带的氧气，下列说法中不正确的是哪一项？

A.依靠携带的氧化物进行化学反应就行

B.必须带有超过需要量很多的液氧储备

C.用来呼吸的话，要按空气比例将氧气和氮气混合

120.关于电解水产生氧气，下列说法中不正确的是哪一项？

A.这是一个重复循环的过程

B.电解水产生的氢气可以再次利用产生水，水重新参与电解，可以制造氧气

C.电解水之后产生的物质基本上都没用了

121.航天飞机为什么飞不到月球上？

A.发动机速度达不到要求

B.地球月球相距太远

C.燃料不够

122.现阶段乘坐下列哪种装置才能登上月球？

A.航天飞机

B.轨道间飞行器——登月舱

C.宇宙飞船

123.下列哪项中的理解不正确？

A.航天飞机速度只有每秒5~6千米，在助推火箭和巨型燃料箱的帮忙下才能达到第一宇宙速度

B.航天飞机无法进行超远距离飞行有燃料不够的原因

C.航天飞机自身能够克服地心引力的影响

124.如果航天飞机想去月球，下列哪种准备没有必要？

A.月球上得有空气

B.航天飞机的发动机达到第二宇宙速度

C.有足够多的航天员完成任务

125.下列哪项不是空天飞机的特点？

A.在地面上像普通飞机一样水平起飞

B.完成一次飞行后，经过一星期的维护就能再次起飞

C.造价比较低

126.空天飞机起飞时哪个发动机先开始工作？

A.火箭喷气发动机先工作

B.空气喷气发动机

C.空气喷气发动机和火箭喷气发动机同时工作

127.人类首架空天飞机是哪年发射的？

A.2010 年

B.2011 年

C.2012 年

128.下列哪项不是宇宙飞船和航天飞机的共性？

A.来往于地面和空间站之间，运送航天员和货物

B.相当于太空交通车

C.都可以多次使用

129.宇宙飞船通常怎么着陆？

A.在海面溅落或在荒原上径直着陆

B.像普通飞机一样在跑道上降落

C.被航天飞机带回来

130.关于航天飞机的说法，下列说法中不正确的是哪一项？

A.航天飞机能够控制升力大小和方向，准确地降落在跑道上

B.从起飞到返回地面的整个过程中，加速和减速都很缓慢，大大降低了对航天员的身体要求

C.不能多次使用

131.关于宇宙飞船和航天飞机，下列说法中不正确的是哪一项？

A.宇宙飞船对外形没有特殊要求

B.航天飞机对航天员没有严格要求

C.宇宙飞船的可靠性和安全性比较高

132.宇宙飞船返回地面时为什么返回舱外表一片漆黑？

A.燃烧后的碳化层

B.涂了一层黑漆

C.吸收热量了

133.为什么要在飞船外面涂这些瞬间耐高温材料？

A.展示最新科研成果

B.保护飞船不被大气层高温烧毁

C.美化飞船

134.下列哪项不是宇宙飞船"烧蚀防热"的特点？

A.飞船外使用一种瞬间耐高温材料

B.让表面部分材料烧掉，将热量带走

C.防热的同时还能保温

135.科学家们为什么要解决飞船的防热问题？

A.不解决防热问题，飞船就没法回来

B.防热问题成本太高，必须要控制成本

C.解决防热问题可以增加飞船的使用次数

136.下列哪项不是机器人在太空生存比人类简单的原因？

A.为某次太空任务专门设计，有电就可以工作

B.发射机器人上太空成本低

C.机器人不怕太空辐射和巨大温差

137.从生理方面来说机器人的优势在哪里？

A.机器人不会得空间运动病

B.机器人可以完成许多工作

C.机器人一丝不苟地按照指令工作

138.下列说法中正确的是哪一项？

A.只要程序稳定，机器人就不会犯错

B.机器人有自主意识，可以灵活处理问题

C.机器人不需要地面发出指令

139.关于人和机器人哪个更适合在太空工作下列哪项说法不正确？

A.目前关于人和机器人哪个适合上太空还在争论中

B.航天员在太空因为疏忽容易失误，所以应该由机器人代劳

C.机器人在太空只能按照程序工作

140.空间站可以无限期使用吗？

A.不可以

B.可以

141.历史上运行时间最长的空间站是哪座空间站？

A.和平号

B.礼炮1号

C.太空实验室1号

142.为什么"和平"号会解体？

A.零件老化和受损害太严重了

B.科研经费不足

C.太空不需要它再继续工作了

143.航天器上天后，地面通过什么和它保持联络？

A.测控通信系统

B.QQ视频通话

C.手机

144.什么是"数字图像压缩和传输"技术？

A.只能传图像，不能传声音

B.只能传声音，不能传图像

C.声音和图像可以同时传输

145."数字图像压缩和传输"技术还能传输什么数据？

A.飞船的各项数据

B.航天员的身体生理信息以及相关数据

C.对地球的测量数据

146."神舟"系列飞船里的航天员可以上网吗？

A.能

B.不能

C."神舟八号"以后就可以了

147.为什么要对航天员进行严格训练？

A.航天员是从事特殊职业的人，必须严格训练，这样才能很快适应太空

B.航天员素质不高

C.主要培养抗压能力

148.下列哪项不是航天员的训练内容？

A.有关的理论知识、必要的医学常识和救护技术

B.体育训练项目、航天环境训练

C.普通的常识内容

149.为什么要对航天员进行心理训练？

A.到了陌生的环境可以很快适应

B.太空环境对心理影响太大，与地面完全不同

C.这项训练并不重要，可有可无

150.全世界航天员为什么人数很少？

A.需要通过层层选拔，万里挑一

B.选择的指标太少

C.发射任务少，用不了太多航天员

151."航天员之父"是谁？

A.齐奥尔科夫斯基

B.莱特兄弟

C.万户

152.下列哪项是齐奥尔科夫斯基的成就？

A.改进了原有热气球的缺陷

B.设计了一架带有推进器的火箭

C.设计了宇宙飞船

153.下列哪项不是齐奥尔科夫斯基的技术成果？

A.精确地计算出火箭飞出地球所必须具备的速度

B.火药不适合于宇宙飞行

C.用煤油代替火药做火箭的燃料

154.关于齐奥尔科夫斯基，下列哪项说法不准确？

A.齐奥尔科夫斯基的设想在他的时代就已经全部实现

B.齐奥尔科夫斯基对平流层探测和行星飞行的贡献尤有价值

C.齐奥尔科夫斯基的理论对后世航天事业有重大影响

155.为什么要让动物进入太空？

A.为了减少风险，人类想到了用动物作为太空探险的先遣队员

B.让动物也体验太空生活

C.改良动物品种

156.在人类之前下列哪种动物进入过太空？

A.兔子

B.狗

C.老鼠

157.下列哪个国家最先让动物进入太空？

A.美国

B.苏联

C.中国

158.第一个到达外太空的类人动物是什么？

A.太空犬莱尔卡

B.猴子艾伯尔

C.猩猩哈姆

159.太空中航天员容易出现什么状况？

A.骨质疏松、肌力下降、平衡及代谢能力减退等

B.和在地球上没什么不同

C.身体会出一些小毛病，不过可以克服

160.人体在失重情况下会出现什么状况？

A.人的行为和在地面上完全颠倒

B.血液和其他体液从腿部逆流到头部和上身

C.感觉很奇特，但不影响工作

161.太空辐射会对航天员造成哪些影响？

A.改变人类基因

B.杀死细胞、破坏 DNA，导致患上癌症和白内障风险增加

162.下列哪种说法不正确？

A.太空环境导致航天员注意力不集中、睡眠中断和易感疲劳

B.绝大部分航天员回来后体重会减轻

C.对于太空这种复杂环境我们无能为力

163.航天员在太空工作情况怎样？

A.航天员可以在太空随意游玩

B.每次的任务与航天员在太空停留的时间有关系

C.工作情况早就制订好了，不能更改

164.航天员在太空的首要任务是什么？

A.保证航天器的正常运行

B.及时向地面传送数据

C.完成科研任务

165.下列哪项不算空间生命科学试验？

A.观察航天员在失重环境下身体出现的生理、生化变化

B.研究动物和植物在太空环境中的生长、发育和变异

C.通过天文望远镜，进一步揭示天体的真实面貌

166.下列哪项理解不正确？

A."太空行走"这项技术成熟后航天员就可在航天器外观察、安装设备

B.航天员远离地球后就无法对地球进行观测分析了

C.在航天器上对地球、太阳、月球面、大气层等进行深层次的观察与研究

167.航天员的食品都是什么样子的？

A.做成液体，直接吞咽

B.一般都是做成"一口吃"或是膏状

C.和地面上的一样

168.下列哪项是航天员在太空中用餐的特点？

A.到处飞来飞去地吃饭

B.像平时在地面一样吃饭

C.餐盘和食品都要固定住

169.航天员在太空中的食谱和进餐次数有严格规定和要求吗？

A.没有

B.有

170.目前的航天食品已经有多少种？

A.20 种

B.80 多种

C.40 种

171.航天员们在太空一般怎么睡觉？

A.像在地球上一样睡

B.日出而作，日落而息

C.把自己固定起来睡

172.太空的失重环境对航天员睡觉会产生什么不良影响？

A.容易疲劳，出现运动病症状

B.漂浮状态下有助于航天员快速入睡

C.基本没有影响

173.下列哪一项不影响航天员的睡眠？

A.舱内嘈杂的环境和地面指令

B.航天员的睡眠姿势

C.失重情况

174.航天员为什么要戴上黑色眼罩睡觉?

A.个人习惯

B.隔离阳光，减少干扰

C.模拟夜晚睡觉环境

175.费多尔·尤尔奇欣是哪个国家的航天员?

A.美国

B.俄罗斯

C.中国

176.各国航天员看到不同的地球景象，原因是什么?

A.地球在变化

B.设备不一样

C.航天器的轨道不同

177.下列哪个城市曾被俄罗斯航天员拍到?

A.芝加哥

B.成都

C.釜山

178.下列哪座桥被曾在国际空间站工作过的日本航天员野口聪一在太空中拍到?

A.南京长江大桥

B.明石海峡大桥

C.伦敦大桥

179.航天员在宇宙空间中执行任务时所受到的辐射危害主要来自什么?

A.银河系宇宙线

B.太阳高能粒子辐射和地磁捕获带辐射

C.A、B 项都正确

180.下列哪项不属于航天员防护宇宙辐射的主要途径?

A.屏蔽防护，合理合适的药物防护

B.选择最佳的飞行时间，以及建立太阳粒子事件预警系统

C.多涂防晒霜

181.下列哪一项属于宇宙辐射对人体所产生危害的远期效应中危害最大的?

A.癌症

B.脱水

C.休克

182.下列不能有效防护宇宙辐射的
是哪一项？

A.航天器

B.航天服

C.太阳伞

183.20 世纪航天员不可能有的休闲
方式是哪一种？

A.刷微博

B.与队友聊天

C.给地球拍照

184.下列哪一项运动曾在太空进
行？

A.马拉松

B.跳水

C.高尔夫

185.中国航天员刘洋在值班间隙进
行了哪项运动？

A.踢毽子

B.打太极拳

C.跳皮筋

186.航天员在太空中生病了通常怎
么办？

A.返回地面

B.自我治疗

C.撑到返回

187.航天员在太空中生病最可能是
什么原因？

A.航天环境

B.身体素质

C.地面情况

188."神舟五号"飞行中，杨利伟
总觉得头朝下，是得了什么
病？

A.呼吸道感染

B.定向障碍

C.骨质疏松

189.关于航天员使用的医疗用品说
法正确的是哪一项？

A.地面药品可直接带到太空

B.药箱结构与地面一致

C.药物剂量有特殊性

190.航天员在太空中不会出现的身
体变化是哪一项？

A.骨质疏松

B.肌肉萎缩

C.身体缩小

191.为了减少在太空中的身体变化，下列哪项举措是必要的？

A.在太空中锻炼身体

B.充足睡眠

C.与地面保持联系

192.下列哪一种衣服可以锻炼航天员的肌肉力量？

A.冲锋衣

B.太空服

C.企鹅服

193."企鹅服"的特点是什么？

A.克服弹力，锻炼肌肉

B.对抗辐射，促进血液循环

C.改善组织器官的血液供应

194.航天员在太空中能看到流星吗？

A.能

B.不能

195.下列不属于流星产生的必要条件的是哪一项？

A.引力

B.大气层

C.光照

196.如果没有其他星球的引力，陨石会如何存在？

A.无目的地飘着

B.落向地球

C.自动爆炸

197.航天员可能看到下列哪种现象？

A.流星

B.陨石进入大气层时发出的耀眼光芒

C.飞碟

198.航天员在太空中能看到极光吗？

A.能

B.不能

199.极光的产生必须具备的条件不包括下列哪项？

A.大气、磁场

B.强对流天气

C.高速带电离子

200.关于极光，下列说法正确的是哪一项？

A.只有地球上才有极光现象

B.地球上的极光其实是地球周围大规模放电的过程

C.地球上只有北极有极光

201.下列哪个星球上没有被发现有
极光现象？

A.地球

B.木星和土星

C.月球和水星

202.飞机起飞时，坐在飞机中的人
常有什么感觉？

A.想咳嗽

B.口渴

C.胸闷，耳膜压力增大

203.搭乘火箭起飞时，人有什么感
觉？

A.震得特别厉害，心跳加速

B.响声异常巨大，几乎丧失听力

C.视线模糊不清

204.中国哪一航天器解决了航天员
感到震动难受的问题？

A.神舟五号

B.神舟六号

C.神舟七号

205.进入太空后，航天员若不系安
全带会怎么样？

A.因失重而飘浮

B.掉到舱底

C.飞出太空舱

206.航天员返回地面被隔离的主要
原因是什么？

A.防止泄露国家机密

B.防止他们受传染病侵扰

C.防止他们携带外星病毒

207.航天员回到地面后，体质有何
变化？

A.比较虚弱

B.更加强壮

C.没有变化

208.航天员返回地面后易受传染病
毒侵扰的原因是什么？

A.身体素质退化

B.病毒进化较快

C.免疫力下降

209.下列不属于航天员身体恢复项
目的是哪一项？

A.平衡恢复

B.体重的增减

C.生物节律调整

210.下列不属于游客必须满足的进入太空的条件是哪一项？

A.能够支付昂贵的费用

B.必须是男性

C.身体素质好

211.太空游客进入太空前通常需训练多长时间？

A.3~5 个月

B.5~7 年

C.7 个月至一年多

212.普通人在太空通常能待多长时间？

A.2 天

B.8~13 天

C.7 个月至一年多

213.人进入太空的基本要求是什么？

A.能承受加速度产生的过载作用

B.能承受失重状态

C.能保持坚毅的毅力

214.航天员在月球上走路为什么是一跳一跳的？

A.月球表面富有弹性

B.月球对月面物体引力不足

C.人体太轻

215.如果人在月球上进行跳高，是地球上跳高高度的几倍？

A.3 倍

B.6 倍

C.20 倍

216.人在月球上走路会有什么感觉？

A.头重脚轻

B.头轻脚重

C.异常沉重

217.人在月球上摔倒了会有什么反应？

A.全身疼痛

B.无法再站立起来

C.摔不疼

218.航天员留在月球上的脚印为什么能长期保存？

A.脚印是用不锈钢铸上的

B.鞋底有不易磨损的物质

C.月球没有大气层

219.下列现象中不可能出现在月球上的是哪一种？

A.下雨

B.月震

220.截至"阿波罗登月计划"结束时，共有多少位航天员的脚印留在月球上？

A.1 位

B.12 位

C.20 位

221.对航天员留在月球表面的脚印可以产生破坏作用的有哪些因素？

A.偶然的陨石撞击

B.太阳风和宇宙线离子

C.A、B 项都是

222.航天服按用途可以分为几类？

A.三类

B.两类

C.四类

223.下列不属于航天服组成部分的是哪一项？

A.头盔

B.手套

C.眼镜

224.航天服在结构上通常分为几层？

A.2 层

B.6 层

C.10 层

225.航天服隔热层的主要作用是什么？

A.避免被烫伤

B.散发热量

C.防止过热或过冷

226.太空垃圾主要来自哪儿？

A.外星人

B.人类

C.宇宙自身

227.下列不属于太空垃圾的是哪一项？

A.航天器表面掉落的油漆斑块

B.火箭爆炸后的碎片

C.运行中的卫星

228.大部分太空垃圾的结局如何？

A.坠入大气层烧毁

B.飘在太空中

C.被带回地球

229.太空中的生活垃圾可能由下列
　　哪个原因造成？

　　A.航天器空间太小
　　B.航天员环保意识不强
　　C.航天员负重过多

230.地球轨道上约有多少直径超过
　　1 厘米的太空垃圾？

　　A.10 万个
　　B.20 万个
　　C.200 万个

231.运行在地球轨道上的太空垃圾
　　不会对下列哪种事物产生威
　　胁？

　　A.卫星本身
　　B.航天飞机
　　C.月球运行

232.关于让碎片进入大气层自行焚
　　毁的做法，下列说法中不正确
　　的是哪一项？

　　A.成本较高
　　B.较为经济、环保
　　C.破坏臭氧层

233.下列关于减少太空垃圾的做
　　法，不值得提倡的是哪一项？

　　A.不再往太空扔垃圾
　　B.科学家提高航天器的科技含量
　　C.尽量不开发太空资源

234.下列哪个国家首先把航天员送
　　入太空的呢？

　　A.美国
　　B.苏联
　　C.中国

235.世界上第一个探月计划的名字
　　是什么呢？

　　A.阿波罗计划
　　B.嫦娥工程
　　C.新太空计划

236.哪个探测器首先拍下了月球的
　　特写照片？

　　A.徘徊者 6 号
　　B.徘徊者 7 号
　　C.阿波罗 11 号

237."阿波罗计划"共有多少名航
　　天员登上月球？

　　A.5 名
　　B.50 名
　　C.12 名

238.第一位进入太空的航天员是谁？

A.加加林

B.阿姆斯特朗

C.奥尔德林

239.踏上月球的第一人是谁？

A.阿姆斯特朗

B.奥尔德林

C.加加林

240.美国 12 名登上月球的航天员在月面出舱活动时间总计多少小时？

A.305 小时 19 分

B.80 小时 36 分

C.22 小时 5 分

241.美国登月航天员先后取回多少月球样品？

A.256 千克

B.401.6 千克

C.381.7 千克

242.月壤的主要成分有哪些？

A.矿物颗粒、岩石碎屑、玻璃状的二氧化硅

B.陨石碎片、粘合集块岩、以及沙和尘土

C.A、B 都正确

243.据科学家估测，月壤在月陆区的平均厚度为多少米？

A.2 米

B.5 米

C.10 米

244.下列关于月壤中的能源的表述中，不正确的一项是？

A.月壤中含有丰富的银、锡、钛、镉、铅、溴、镓、锗、汞、铟、锑、碲和铁等矿物资源

B.月球表面的资源种类很单一且没有开采利用价值

C.月壤中有着非常高储量的氦 3

245.据估测，月球表层铁含量为多少吨？

A.5 万亿吨

B.8 万亿吨

C.10 万亿吨

246. 人类什么时候发现月球两极存在大量液态水的？

A. 1998 年 3 月 5 日

B. 1999 年 8 月 2 日

C. 1997 年 6 月 3 日

247. "月球勘探者"号探测器探测到月球上的液态水资源主要分布在哪里？

A. 月球环形山上

B. 月球的北极和南极

C. 月球的中间地带

248. 下列关于月球上的资源的说法中，不正确的一项是？

A. 人类研究和开发月球资源没有实在的意义

B. 地球上已知的几乎所有的元素和矿物质，月球上也都有

C. 研究月球上的水对于研究月球的成因和性质也有相当重要的科学意义

249. 人类第一个月球探测器是下列哪一个？

A. "月球 2 号"

B. "月球 1 号"

C. "阿波罗 11 号"

250. 人类历史上第一个成功到达月球的探测器是下列哪一个？

A. "月球 1 号"

B. "阿波罗 11 号"

C. "月球 2 号"

251. 中国发射的携带"玉兔"号月球车的探月卫星是下列哪一个？

A. "嫦娥二号"

B. "嫦娥三号"

C. "嫦娥一号"

252. 迄今为止成像清晰度最佳的月球轨道器是下列哪一个？

A. "月球侦察轨道器"

B. "月船 1 号"探测器

C. "辉夜姬"号探月卫星

253. 月球车主要有主要分为几个类型？

A. 只有无人驾驶月球车一种

B. 无人驾驶月球车和有人驾驶月球车两大类型

C. 只有有人驾驶月球车一种

254. 下列关于无人驾驶月球车的表述有误的一项是？

A. 主要由轮式基盘和仪器舱两大部分构成

B. 由地面上的指挥中心遥控

C. 其供电仅来源于太阳能

255. 人类第一辆自动月球车是什么时候抵达月球的？

A. 1981 年

B. 1970 年

C. 1977 年

256. 历史上第一辆电动月球车是由谁驾驶着在月球表面考察了三天的？

A. 大卫·斯科特和詹姆斯·欧文

B. 只有大卫·斯科特

C. 只有詹姆斯·欧文

257. 2006 年，哪国的航天局提出一项"撞月探水"的探月计划？

A. 美国

B. 英国

C. 法国

258. "SMART-1"月球探测器何时成功撞月？

A. 2005 年

B. 2006 年

C. 200 年 7

259. 迄今为止，亚洲成功发射了月球探测器的国家不包括下列哪个？

A. 中国

B. 韩国

C. 日本

260. 截至 2013 年，中国已经成功发射了几颗探月卫星？

A. 一颗

B. 二颗

C. 三颗

261. 下列哪项是"嫦娥一号"的主要任务？

A. 对月球表面环境、地貌、地形、地质构造与物理场进行探测

B. 派航天员登月

C. 发射月球车

262."嫦娥一号"所完成的中国探月一期工程的目标有几个?

A.3

B.4

C.5

263."嫦娥一号"开展了多少项实验?

A.10 多项

B.20 多项

C.30 多项

264."嫦娥一号"的成果不包括下列哪项?

A.取得了一批有价值的技术试验数据

B.为探月工程二期积累了技术和宝贵的工程经验

C.实现了载人登月目标

265.中国的探月工程分几个阶段?

A.2 个

B.3 个

C.4 个

266."嫦娥一号"探月卫星是在哪年成功发射的?

A.2005 年

B.2006 年

C.2007 年

267."嫦娥二号"探月卫星是在哪年成功发射的?

A.2010 年

B.2008 年

C.2009 年

268.中国第三期探月工程的时间是什么时候?

A.2015 ~ 2025 年

B.2020 ~ 2030 年

C.2016 ~ 2020 年

269."嫦娥三号"于什么时候成功在月球表面实现软着陆?

A.2013 年 12 月 14 日

B.2013 年 12 月 12 日

C.2013 年 11 月 14 日

270.截至 2014 年，世界上独立实现登月探测器在月球上软着陆的国家不包括下列哪个？

A.中国

B.美国

C.印度

271."嫦娥三号"的月球车叫什么名字？

A."中华号"

B."玉兔号"

C."长城号"

272."嫦娥三号"所携带的仪器中属于国际先例的不包括下列哪项？

A.粒子激发 X 射线谱仪

B.天文月基望远镜和极紫外相机

C.测月雷达

273.火星改造的计划是由什么机构提出的？

A.美国航空航天局

B.欧洲空间局和日本太空中心

C.A、B 项的三个机构联合提出的

274.在火星改造计划中，要改造火星面临的最大的挑战是什么？

A.让火星上有水

B.让火星逐步变得温暖起来

C.火星移民

275.根据火星改造计划，当火星表面的温度达到多少度时，一些苔类植物便可以生长了？

A.25 摄氏度

B.-25 摄氏度

C.5 摄氏度

276.火星上的引力约是地球上引力的几分之几？

A.1/3 左右

B.1/2 左右

C.1/5 左右

277.人类第一枚火星探测器是哪个国家发射的？

A.美国

B.中国

C.苏联

278.2003 年 6 月欧空局成功发射的第一枚火星探测器是下列哪一个？

A."火星全球勘探者"号

B."火星探路者"号

C."火星快车"号

279.迄今为止美国航空航天局最先进最大的火星车是下列哪一个？

A."勇气"号

B."好奇"号

C."机遇"号

280.中国第一枚火星探测器叫什么名字？

A."萤火"1 号

B."勇气"号

C."凤凰"号

281.下列关于深空探测器的表述中，有误的一项是？

A.主要用于对月球和月球以外的天体以及空间进行探测研究

B.深空探测器主要有月球探测器、行星和行星际探测器和太阳探测器等

C.深空探测器目前主要是载人航天器

282.人类发射深空探测器的主要目的不包括下列哪项？

A.了解太阳系的起源、演变历史和现状

B.进一步认识地球环境的形成和演变历史；探索生命的起源和演变过程

C.纯粹为了满足虚荣心和征服欲

283.深空探测器的能源供给主要依靠什么？

A.太阳能

B.核能

C.风能

284."旅行者 1 号"是哪一年发射升空的？

A.1977 年

B.1967 年

C.1987 年

285.下列关于"旅行者 1 号"所携带的唱片的表述中，正确的一项是？

A.是金质的

B.厚 30.48 厘米，唱片内还藏有用金刚石制成的留声机针

C.唱片的寿命只有一万年的时间

286."旅行者1号"所携带的唱片中储存了用多少种人类语言录制的问候语？

A.56种

B.55种

C.65种

287."旅行者1号"携带的唱片所储存的人类语言中包含几种中国的方言？

A.3种

B.4种

C.5种

288.现在有没有深空探测器飞出太阳系？

A.有，"旅行者1号"探测器已经离开太阳系

B.有，"旅行者2号"探测器已经离开太阳系

C.没有

289."旅行者1号"最初所设定的主要目标是什么？

A.探测火星

B.探测月球

C.探测木星和土星，以及土星的卫星

290.目前世界上飞行时间最长的深空探测器是哪个国家的？

A.日本

B.美国

C.俄罗斯

291."旅行者1号"和"旅行者2号"深空探测器的动力来源是什么？

A.太阳能

B.三块放射性同位素发电机

C.风能

292.距离地球最近的恒星系阿尔法人马座和地球的距离是多少？

A.4.4光年

B.1光年

C.10光年

293.人类至今第一个亲身到过的天体是下列哪个？

A.火星

B.金星

C.月球

294.一名航天员如果想要在自己的有生之年乘航天器飞抵离地球最近的恒星系，其所搭载的航天器的飞行速度必须是现有航天器的多少倍？

A.1000 倍

B.3000 倍

C.2000 倍

295.1984 年，提出利用古老的风帆技术原理进行星际旅行的理念的科学家是哪个国家的？

A.俄罗斯

B.美国

C.日本

296.第一位进入太空的航天员是谁？

A.加加林

B.阿姆斯特朗

C.列昂诺夫

297.人类搭乘航天器首次进入太空是在哪一年？

A.1981 年

B.1971 年

C.1961 年

298.世界上第一个载人进入外层空间的航天器是下列哪个？

A."阿波罗" 11 号飞船

B."东方 1 号" 飞船

C."上升 2 号" 飞船

299.下列哪项不属于纪念加加林的行为？

A.苏联把每年的 4 月 12 日定为宇航节

B.以加加林的名字命名国家

C.在月球背面，有一座环形山是以他的名字命名的

300.第一位完成太空行走的航天员所搭乘的航天器是下列哪个？

A."上升 2 号" 飞船

B."阿波罗" 11 号飞船

C."东方 1 号" 飞船

301.第一位完成太空行走的航天员是谁？

A.尤里·加加林

B.阿姆斯特朗

C.阿里克谢·列昂诺夫

302.人类历史上的首次太空行走是
　　在哪一年？

　A.1972 年

　B.1965 年

　C.1961 年

303.下列哪一项是人类第一次太空
　　行走时遇到的紧急状况？

　A.舱外航天服膨胀以至于他无法顺
　　利进入舱门

　B.当两位航天员乘飞船返回地面时，
　　飞船失控

　C.舱外航天服绷得太紧了，让航天
　　员喘不过气

304.美国和苏联相比在航天领域率
　　先实现了什么目标？

　A.人类登月

　B.进入太空

　C.太空行走

305."阿波罗 11 号"宇宙飞船的
　　登月舱在哪年登上月球？

　A.1979 年

　B.1989 年

　C.1969 年

306.下列哪位航天员是人类历史上
　　第一位登上月球的航天员？

　A.加加林

　B.阿姆斯特朗

　C.奥尔德林

307.阿姆斯特朗和奥尔德林在月球
　　表面的活动包括下列哪项？

　A.取得了月芯的标本和一些月表岩
　　石的标本

　B.驾月球车在月球漫步

　C.进行了两天的录像

308.人类历史上第一位进入太空的
　　女航天员来自哪个国家？

　A.苏联

　B.中国

　C.美国

309.捷列什科娃是在哪一年搭乘航
　　天器进入太空的？

　A.1959 年

　B.1961 年

　C.1963 年

310. 捷列什科娃驾驶飞船绕着地球一共飞行了几周?

A.8 周

B.48 周

C.20 周

311. 人类历史上第一位进入太空，同时也是唯一一位进行单人太空飞行的女性航天员是下列哪位?

A.捷列什科娃

B.刘洋

C.王亚平

312. 中国第一位进入太空的航天员是谁?

A.杨利伟

B.聂海胜

C.景海鹏

313. 中国是世界上第几个掌握载人航天技术的国家?

A.第二个

B.第四个

C.第三个

314. 完成中国第一次载人航天任务的航天器是下列哪个?

A.神舟六号

B.神舟五号

C.神舟七号

315. 中国第一次载人航天任务获得圆满成功是在哪一年?

A.2003 年

B.1995 年

C.2000 年

316. 中国第一位完成太空行走的航天员是谁?

A.翟志刚

B.景海鹏

C.杨利伟

317. 中国航天员实现首次太空行走是在哪一年?

A.1995 年

B.2003 年

C.2008 年

318. 中国是世界上第几个掌握太空行走技术的国家?

A.第二个

B.第三个

C.第四个

319.中国航天员实现首次太空行走时所穿的中国自主研制的舱外航天服是下列哪一项？

A."飞天"舱外航天服

B."海鹰"舱外航天服

C.Z-1 舱外航天服

320.中国第一位进入太空的女航天员是谁？

A.刘洋

B.王亚平

321.目前，全世界已有多少位女航天员进入过太空？

A.30 位

B.46 位

C.58 位

322.中国第一位女航天员进入太空时所搭乘的航天器是下列哪个？

A.神舟七号

B.神舟九号

C.神舟十号

323.在"神舟九号"飞行期间，刘洋主要负责的工作包括下列哪项？

A.完成太空行走

B.航天医学实验和空间实验管理

C.展示太极拳

324.中国第一颗人造地球卫星叫什么名字？

A.东方红一号

B.风云一号

C.北斗一号

325.中国第一颗人造地球卫星发射升空是在哪一年？

A.2003 年

B.1980 年

C.1970 年

326.中国是世界上第几个用自制火箭发射国产卫星的国家？

A.第 4 个

B.第 5 个

C.第 6 个

327. "东方红一号"卫星的主要任务包括下列哪项?

A.向太空永久播放《东方红》乐曲

B.进行各项卫星技术试验，探测电离层和大气的密度

C.尝试让宇航员太空行走

328. 世界上第一颗人造地球卫星叫什么名字?

A.东方红一号

B.探险者一号

C.斯普特尼克1号

329. 世界上第一颗人造地球卫星于哪一年发射成功?

A.1957 年

B.1967 年

C.1977 年

330. "斯普特尼克1号"在太空运行了多长时间?

A.10 天

B.92 天

C.96 天

331. "世界空间周"是每年的什么时间?

A.10 月 4 日至 10 日

B.10 月 1 日至 3 日

C.10 月 10 日至 14 日

332. 第一颗撞击月球表面的探测器叫什么名字?

A. "月球 1 号"

B. "月球 2 号"

C. "月球 4 号"

333. 第一颗撞击月球表面的探测器是何时发射的?

A.1959 年 9 月 12 日

B.1959 年 9 月 13 日

C.1959 年 9 月 14 日

334. "月球 2 号"于何时击中月球表面月球?

A.1959 年 9 月 12 日

B.1959 年 9 月 13 日

C.1959 年 9 月 14 日

335. "月球 2 号"发回的探测结果表明，月球上有没有磁场?

A.没有

B.有

336. 人类成功发射的第一颗登陆金星的探测器是下列哪个？

A. "金星4号"

B. "金星1号"

C. "金星2号"

337. 苏联成功发射"金星4号"探测器是在什么时间？

A. 1961 年 2 月 12 日

B. 1965 年 11 月 12 日

C. 1967 年 6 月 12 日

338. "金星4号"探测器进入金星的大气层是在什么时间？

A. 1961 年 6 月 12 日

B. 1967 年 10 月 18 日

C. 1965 年 12 月 12 日

339. 根据"金星4号"探测器登陆金星过程中所传输回的数据，下列哪一项是错误的？

A. 金星的大气层很薄，主要由大量氮气和氧气组成，不含二氧化碳

B. 金星的外层大气中只有很少的氢气，没有氧气

C. 金星没有辐射场只拥有弱磁场；金星表面的温度非常高

340. "哈勃"望远镜在哪一年成功发射升空？

A. 1990 年

B. 1980 年

C. 1970 年

341. "哈勃"望远镜的管理机构是下列哪个？

A. 美国航空航天局单独管理

B. 欧洲空间局单独管理

C. 美国航空航天局和欧洲空间局共同管理

342. 下列对于"哈勃"望远镜的表述中，正确的一项是？

A. 造价差不多30亿人民币，直径为4.3米，长13.3米，重达11.6千克

B. 由"哥伦比亚"号航天飞机送上绕地轨道

C. 它的时速为2.8万千米，绕地公转一周需要97分钟的时间

343. "哈勃"望远镜的继任者"詹姆斯·韦伯"太空望远镜计划于哪一年发射升空？

A. 2018 年

B. 2015 年

C. 2010 年

344.下列哪个国家发射了人类第一座空间站?

A.苏联

B.美国

C.中国

345.世界上第一座空间站是什么时候发射的?

A.1977 年 9 月 29 日

B.1982 年 4 月 19 日

C.1971 年 4 月 19 日

346.世界上第一座成功发射的空间站叫什么名字?

A."礼炮 3 号"

B."礼炮 1 号"

C."礼炮 7 号"

347."礼炮 1 号"没有和下列哪艘宇宙飞船进行对接?

A."联盟 9 号"

B."联盟 10 号"

C."联盟 11 号"

348.迄今为止运行时间最长的空间站是下列哪个?

A."和平"号空间站

B."礼炮"1 号空间站

C.天空实验室空间站

349."和平"号空间站的服役时间为下列哪一项?

A.1977~1988 年

B.1981~1999 年

C.1986~2001 年

350.俄罗斯航天员波利亚科夫在"和平"号空间站创造了单次连续在太空飞行多少天的纪录?

A.338 天

B.438 天

C.185 天

351.15 个国家的科学家在"和平"号空间站上一共进行了多少次科学试验?

A.约 16500 次

B.约 10000 次

C.约 5000 次

352.下列哪位航天员成为第一颗"人体地球卫星"?

A.麦克坎德雷斯

B.斯图尔特

C.阿姆斯特朗

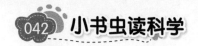

353.航天员太空行走的方式有几
　　种？

　A.攀援行走

　B.飞行行走

　C.系绳太空行走和自由太空行走

354.麦克坎德雷斯在太空中待了多
　　长时间后回到航天飞机？

　A.70 分钟

　B.65 分钟

　C.90 分钟

001	002	003	004	005	006	007	008	009	010	011	012	013	014	015	016
A	B	C	A	C	B	C	B	B	A	C	C	C	A	B	A

017	018	019	020	021	022	023	024	025	026	027	028	029	030	031	032
A	B	A	C	A	B	C	A	A	C	C	B	A	B	A	B

033	034	035	036	037	038	039	040	041	042	043	044	045	046	047	048
B	C	C	B	B	A	A	C	A	B	B	C	A	C	A	A

049	050	051	052	053	054	055	056	057	058	059	060	061	062	063	064
A	B	C	A	A	C	B	C	A	B	B	C	B	C	A	A

065	066	067	068	069	070	071	072	073	074	075	076	077	078	079	080
A	C	B	A	A	C	A	A	B	A	B	A	B	A	B	B

081	082	083	084	085	086	087	088	089	090	091	092	093	094	095	096
C	B	C	A	B	A	A	C	C	A	C	C	A	C	B	B

097	098	099	100	101	102	103	104	105	106	107	108	109	110	111	112
A	B	A	A	A	C	A	B	C	B	C	B	A	A	B	C

113	114	115	116	117	118	119	120	121	122	123	124	125	126	127	128
A	C	A	B	C	A	A	C	A	B	C	C	B	B	A	C

129	130	131	132	133	134	135	136	137	138	139	140	141	142	143	144
A	C	B	A	B	C	A	B	A	A	B	A	A	A	A	A

145	146	147	148	149	150	151	152	153	154	155	156	157	158	159	160
B	C	A	C	B	A	A	A	C	A	A	B	B	C	A	B

161	162	163	164	165	166	167	168	169	170	171	172	173	174	175	176
B	C	B	A	C	B	B	C	B	B	C	A	B	B	C	C

177	178	179	180	181	182	183	184	185	186	187	188	189	190	191	192
A	B	C	C	A	C	A	B	A	B	C	C	A	C	A	C

193	194	195	196	197	198	199	200	201	202	203	204	205	206	207	208
A	B	C	A	B	A	B	B	C	C	A	C	A	B	A	C

209	210	211	212	213	214	215	216	217	218	219	220	221	222	223	224
B	B	C	B	A	B	B	A	C	C	A	B	C	B	C	B

225	226	227	228	229	230	231	232	233	234	235	236	237	238	239	240
C	B	C	A	B	B	C	B	C	B	A	B	C	A	A	B

241	242	243	244	245	246	247	248	249	250	251	252	253	254	255	256
C	C	C	B	B	A	B	A	B	C	B	A	B	C	B	A

257	258	259	260	261	262	263	264	265	266	267	268	269	270	271	272
A	B	B	C	A	B	A	C	A	C	C	A	C	A	B	C

273	274	275	276	277	278	279	280	281	282	283	284	285	286	287	288
C	B	B	A	C	C	B	A	C	C	B	A	B	B	B	A

289	290	291	292	293	294	295	296	297	298	299	300	301	302	303	304
C	B	B	A	C	B	B	A	C	B	B	A	C	B	A	A

305	306	307	308	309	310	311	312	313	314	315	316	317	318	319	320
C	B	A	A	C	B	A	A	C	B	A	A	C	B	A	A

321	322	323	324	325	326	327	328	329	330	331	332	333	334	335	336
C	B	B	A	C	A	B	C	A	B	A	B	A	C	A	A

337	338	339	340	341	342	343	344	345	346	347	348	349	350	351	352
C	B	A	A	C	C	A	A	C	B	A	A	C	B	A	A

353	354														
C	C														

001	002	003	004	005	006	007	008	009	010	011	012	013	014	015	016
017	018	019	020	021	022	023	024	025	026	027	028	029	030	031	032
033	034	035	036	037	038	039	040	041	042	043	044	045	046	047	048
049	050	051	052	053	054	055	056	057	058	059	060	061	062	063	064
065	066	067	068	069	070	071	072	073	074	075	076	077	078	079	080
081	082	083	084	085	086	087	088	089	090	091	092	093	094	095	096
097	098	099	100	101	102	103	104	105	106	107	108	109	110	111	112
113	114	115	116	117	118	119	120	121	122	123	124	125	126	127	128
129	130	131	132	133	134	135	136	137	138	139	140	141	142	143	144
145	146	147	148	149	150	151	152	153	154	155	156	157	158	159	160
161	162	163	164	165	166	167	168	169	170	171	172	173	174	175	176
177	178	179	180	181	182	183	184	185	186	187	188	189	190	191	192
193	194	195	196	197	198	199	200	201	202	203	204	205	206	207	208
209	210	211	212	213	214	215	216	217	218	219	220	221	222	223	224
225	226	227	228	229	230	231	232	233	234	235	236	237	238	239	240
241	242	243	244	245	246	247	248	249	250	251	252	253	254	255	256
257	258	259	260	261	262	263	264	265	266	267	268	269	270	271	272
273	274	275	276	277	278	279	280	281	282	283	284	285	286	287	288
289	290	291	292	293	294	295	296	297	298	299	300	301	302	303	304
305	306	307	308	309	310	311	312	313	314	315	316	317	318	319	320
321	322	323	324	325	326	327	328	329	330	331	332	333	334	335	336
337	338	339	340	341	342	343	344	345	346	347	348	349	350	351	352
353	354	355	356	357	358	359	360	361	362	363	364	365	366	367	368
369	370	371	372	373	374	375	376	377	378	379	380	381	382	383	384
385	386	387	388	389	390	391	392	393	394	395	396	397	398	399	400